马君武自述

马君武 著

泰山出版社·济南·

图书在版编目（CIP）数据

马君武自述 / 马君武著. -- 济南：泰山出版社，2022.12

ISBN 978-7-5519-0740-8

Ⅰ. ①马… Ⅱ. ①马… Ⅲ. ①马君武（1881—1940）—自传 Ⅳ. ① K825.46

中国版本图书馆CIP数据核字（2022）第169937号

MAJUNWU ZISHU
马君武自述

责任编辑 程 强
装帧设计 路渊源

出版发行 泰山出版社
社 址 济南市泺源大街2号 邮编 250014
电 话 综 合 部（0531）82023579 82022566
出版业务部（0531）82025510 82020455
网 址 www.tscbs.com
电子信箱 tscbs@sohu.com
印 刷 山东新华印务有限公司
成品尺寸 150 mm × 230 mm 16开
印 张 11
字 数 140千字
版 次 2022年12月第1版
印 次 2022年12月第1次印刷
标准书号 ISBN 978-7-5519-0740-8
定 价 39.00元

凡　例

一、本书收录了作者的相关经典文章或片段，主要展现了作者的学术历程或情感操守等。

二、将所选文章改为简体横排，以适应当代的阅读习惯。所选文章尽量依照原作，以保持文章的时代原貌，有些地方参照当下最新的整理成果进行了适当修改。

三、所选文章没有标题或者标题重复的，编辑时另行拟加或改拟。个别文章为相近内容之汇辑，另拟新题。

四、对有些当时使用的文字，如“的”“地”“得”“化钱”“记帐”等，均一仍其旧。

目录

女士张竹君传

佛兰西人之尝言曰：Le mensonge est un très vilain défaut。任公曰：凡欲赞一人，不可着过度语。盖铺扬太过，则人将并其真者而亦不信也。予为此传，乃记张竹君屡次演说之辞予所亲闻者，及竹君亲知之所为予称述者，无一句虚饰语。竹君者，诚中国之女豪杰，不可不记录其言论行事，以唤起中国二万万睡死腐败妇女之柔魂也。壬寅二月八日，马贵公记于横滨。

张竹君者，中国广东广州府番禺县人，故为世家。竹君生数岁而患脑筋病，半身觉麻木不仁，其家则送之于其城之博济医院，嘱美利坚医士嘉约翰医之，渐愈。时竹君年虽幼稚，已能觉西医之精妙，绝胜中国疲癃老腐之所谓医生者，乃发愿留博济医局学医。既十三年，而尽通西国内外科之学，得执照焉。竹君既学医成，则自筹资，建南福医院于广州之河南。施医药，救贫穷，收女弟子十余人，自教之，医学外并及普通格致学。每讲学时，未尝不痛惜抚膺，指论时事，慷慨国艰也。自耶稣教入中国以来，无中国妇人登讲台讲福音者。有之，自竹君始。予以辛丑秋羁广州，闻竹君贤，往见之。竹君辄纵言中国男女隔绝之害，及自己办事之方针及历途。予大奇之，乃遍述之于同志。自时厥后，每礼拜竹君讲演之期，听者尝增数十人矣。竹君虽信耶稣，然绝不谈《创世记》《默示录》诸等荒诞无据之语。其所提倡者，天父一尊、众生平等、爱敌如友、君为民役诸最精之论而已。耶稣书之尤悖实理者，竹君辄驳正之。其言曰：保罗谓女子不当施教，此谬论。男女平权，岂有女子不可施教之理？耶稣谓人不当谋衣食，如雀鸟然，彼未尝求食，而上帝自有以养之。此亦不然。今日列强膨胀，学战极烈，稍自懈怠，即难自存，固当各求实学，立己立人，岂有人不谋食之理？国者，人所合成，故人人当自尽其个人之义务，若如是言，乃教人惰也，人岂雀鸟之比乎？且今日在中国之所谓牧师者，皆犹中国之八股脚色也，绝罕提倡泰西格致、政法之学，以益中国者。吾辈处此争竞极烈之世，非皆有专门实学，以担任社会公众之义务，而徒日日为灵魂永生之说，将何益哉？竹君又曰：在今日主张革命者，诚豪杰。然世间上事事物物，声声色色，动起往复，皆有其原因焉。无原因，则无效验。今世之主张革命者，徒求效验而已，无造原因者。皆求为华盛顿、拿破仑，无甘为福禄特尔、卢梭者，此所以无功也。吾侪今日之责任，在输入泰西政法、格致等等美新之学术，殆既审我汉种之文明，果高胜于他族，然后自立之论可起也；既审我汉种之文明，果并驾于欧西，而后排外之论可起也。竹君又曰：欧西之论自由者，曰个人之自由，以他人之自由为界。吾谓自由可以行星之运行比之。其运行，自由也。其运行而遵其一定之轨道，此其界也。竹君议论之精新每类此。吾窃不解二十三岁之弱女子，何以文明程度，高起如此。吁！黄种可畏也。竹君与史坚如之妹最莫逆，而持论行事多不同。竹君不但能为议论而已，又极勇于办事。竹君去岁季冬，集众演说，谓本年南福医院共费四千金，已行医所得及捐款共三千余金，又借贷数百金以足之也。今年壬寅，竹君改南福医院为小女学堂，教习二人，其一则吾母也。竹君闲时招集广东绅宦之眷属，及其所知之志士，集名园大演说，发明男女所以当平等之理，以为女人不可徒待男子让权，须自争之。争权之术，不外求学。又不当为中国旧日诗词小技之学，而各勉力研究今日泰西所发明极新之学。竹君今欲立一广东女学会，经营尚未成也。竹君之说耶稣教，恒出范围，故牧师等皆目之为狂，谋有所以驯伏之。然凡广东稍有知识之人，无不敬爱竹君者。竹君自谓待人行己皆法耶稣，法其师嘉约翰，故其待南福医院之病人，备极慈爱。有就医者之老妪叹曰："南福医院者，人间之天堂也；五姑（竹君行五）者，人间之神仙也。我生年六十余矣，欲呼五姑为母，五姑年轻，恐太不似；欲呼五姑为女，我又何敢耶？其实我之生女三人，其待我有谁能及五姑一小部耶？"呜呼！竹君真能法耶稣者，真能法嘉约翰者！竹君持不嫁主义，以为当舍此身以担今日国家之义务，若既嫁人，则子女牵缠，必不能如今日一切自由也。呜呼，岭云万重，将为一弱女子开拨之。须眉男儿，据中国三千年来特尊重之体格，占今日中国特高尚之地位者，可不奋起哉，可不奋起哉！

附赠竹君诗二首：

沦胥种国悲贞德，破碎河山识令南。

莫怪初逢便倾倒，英雄巾帼古来难。

推阐耶仁疗孔疾，嫂婷亚魄寄欧魂。

女权波浪兼天涌，独立神州树一军。

（原载于《新民丛报》第7号）

《法兰西今世史》译序

泰西人论中国事之书，迩年以来，汗牛充栋，然盈简连牍，有惯见之二字焉，曰：Old China，Dead China。译言：老中国，死中国也。英国哲学家斯宾塞曰：社会者，有机之生物类也。吾中国乃老乎？死乎？然审思之，吾中国之老死，已不始于今日。中国盖初生而殇之婴儿也。唐虞以前之事，不可考矣。尧舜禅让，民政萌芽，夏禹传子而遽斩矣。自时厥后，民贼代兴，故吾中国尘尘四千年乃有朝廷而无国家，有君谱而无历史，有虐政而无义务，至于今日。奄奄黄民，脑筋尽断，血液尽冷，生气尽绝，势力尽消。尚何言哉，尚何言哉！法兰西，欧洲文明开化最先之域也。自脱罗马缚束而后，虽其中分而为封建，变而为帝政，列国之所侵凌，皇王之所虐辱，然三大战之名，光耀古今。（三大战者，百年战、宗教战、覆帝国战。）亡而后存，暗而后明，至于今日。共和之政，固立于上，自由平等博爱之风，大昌于下。法人自夸之辞曰：法国者，最有势力而不可破坏之国也。又曰：法人者，有如雷如电之脑气筋者也。呜呼，雄矣。予于日本书肆检得此书，喜其言法兰西近事最详，为中国从前著译书之所未有，急译之以饷同胞。嗟乎！法兰西当一千七百九十三年路易第十六未伏诛以前，其困于暴君之专制，法国人民之困苦，正与吾中国今日之地位无异也。

壬寅二月晦，桂林马君武序于日本东京。

（原载于《法兰西近世史》，出洋学生编辑所）

新派生物学（即天演学）家小史

（1902年5月22日）

言生物学者，至十九世纪而经一大革命，畅发其理者为达尔文Darwin。然达尔文之前时及其同时，与达氏同调者盖共有三十四人焉，皆信生物之递变或亦固执上帝造人之说者，盖数人焉，其著有生物史及地学史等书者二十七人。兹从达氏所著之《种源论》中一章之所记，译录如下：

由上古以至今日，治生物学家多矣。皆以为物种不变，而其有种类之始，皆一一由上帝创造而来者也。故纵观上古至今日之生物学书，无一能解明物类生初之理者。至近代始有人疑上帝造人之说不实，以为今世之生物，皆由古时实有之物质历劫变迁而来也。兹记其人如下：

始初著书能以真理推究生物者，曰把俸Buffon。然把氏曾踌躇多时，然终不敢定断物类之真由变迁以至生成，故于此不详书。

生物学第一革命之人，不能不推拉马克Lamarck（法国人）。拉氏于一千八百〇一年，始初印行其所著《动物学》Philosphie Zoologique，至一千八百〇九年，又将其书大有加增。

至一千八百十五年，拉氏又著一书，名《无脊骨之动物学史》Hist Nat des Animaux Sans Vertébres。于是书解明一切物类及人，皆为别种物之苗裔。又经屡次考验，为有生机之物类，皆由无生机之物类，徐徐变来，于此得一公例焉。曰物类日益发达，以趋于美善；然物类之展变其微至不可觉察，而由一定之群类以递进焉。其变也，一循自然，以日进于美善。万类之形色，皆由变化以成其自然之宜。如非洲之芝猎狐Giraffe，特戴一长颈者，所以便其食高树之叶也。其理无他解焉，曰自然而已。

圣·以内尔Geoffroy Saint-Hilaire（法国人），以为凡物类皆不与其初始之形质相同，而一切“Monde Ambiant”环世界之物物，皆日趋于变。但圣氏不信一切物类，虽在今日犹变而不已也。圣氏之说在一千七百九十五年口演之，迨后一千八百二十八年其子始著为书。

一千八百十三年，威尔Dr. W.C. Wells演说于王家社会Royal Society，其题曰：“白种妇人之皮相似乎非洲之黑人”，但未著于书。至一千八百十八年，始载之于所著之《露及单视之二论文》Two Essays upon Dew and Single Vision，详论天择Natural Selection之理。但所论者，专属人类及人类一种专性情而已。大旨谓非洲黑人及白黑杂种人杂居以后，便能免受热带之病，此何以故？盖人类能自变以协宜于所居之国也。且证之于禽兽：（一）人能明见禽兽有数级之变化；（二）农家能以善法改选其家畜之种。居亚非利加中部之人，能变以协其土宜者，则能免其惯病，而较安于他族。于是此种族后益繁衍，而他族日减少，此不但因彼族之不能受疾病之侵害而已，亦因其不能与其邻族之强行争存而败也。宜于此地之强族，即黑色之族人，故居于此而能展变以常存者，必其色因时渐变为黑。而黑之甚者，即最宜于其地之风土者也。阅日既久，则全非洲人皆色黑矣，其洲民之始初，必不止于一族也。

达尔文曰：吾甚感路累Rowley氏。盖吾立志之础，乃因路累氏及白累司Brace氏，而得读威尔之书也。

门雀司特Manchester之大学校书记官赫柏Hon. and Rev. W. Herbert，一千八百二十二年著《种园成绩报》Horti-cultural Transactions第四书，又《石蒜科》Amaryllidaceae，一千八百三十七年出版（十九页及三百三十九页）。宣言曰：经种园之许多历验，而得一不可驳之理，即植物之种类，永远变化而不止是也。赫氏以为凡一切种类，皆本于一始，经许多之过渡及变化，而成今日生成种种之物类。

一千八百二十六年教习格伦特Grant，其所著有名之《壹丁不夫哲学杂志》第十四卷二百八十三页关于绿色海绵之一段Edinburgh Philosophical Journal on The Spongilla论曰：予之所信，凡任一物类，皆源出于他物类，而由变化以进于良者也。一千八百三十四年，在Lancet著一书曰：教授之五十五回讲义55th Lecture，亦解说此同理。一千八百三十一年，马太Matthew著一书名《舰材及树艺术》Naval Timber and Arboriculture，其中所说物种原始之理，与达尔文及阿累司Wallace所著之《里灵杂志》Linnean Journal所论，同一见解。（后达氏著《物种原始》，即增广此杂志之义而成。）但是时马氏所作，不过言其大略，散见于所著书之后幅而已。迨后至一千八百六十年四月七号，马氏著《种园者之历谱》一书，Gardener's Chronicle，详言天择之理，与达氏意大同，以为至现今之世界，旧时代之种族，日益凋替，而今时代之种族，固已大异旧时代之形式矣。

有名之地学及生物学家冯把区Von Buch，一千八百三十六年，著有名之《加拿里岛之地质记载》（加拿里为大西洋中岛名，属西班牙）Dexription Phgsique des Isles Canaries。第一百四十七页论曰：物种者，能徐徐展变，以至无穷期者也。

拉芬累司克Rafinesque之《北美洲之新植物》New Flora of North America，著于一千八百三十六年。其第六页论曰：凡物类皆有变化，经永久之变化，及另有一种专性质，于是成一新物种焉。

自一千八百四十三年至一千八百四十四年，教习海尔得门者Haldeman于《波斯顿之生物学史杂志》Boston Journal of Nat. Hist. U. States第四卷第四百六十八页，著论驳生物学之古说，而主张物种之日新，能自趋于发达及改变。

一千八百四十四年一无名氏著一书，名曰《受造物之踪迹》Vestiges of Creation，于一千八百五十三年，更加以许多证据。其第一百五十五页曰：物种历多数级之次序，由旧日之最单简形式，以成今日最高等之形式。其变化之故，盖由二种之冲激焉：曰在内之冲激，曰在外之冲激。在内之冲激，赋于有生之初，进而愈进，历时已久，而成双子叶生之植物，及有脊之动物。其缘因最难觉察，不过于有机物性质之闲隙验之而已。在外之冲激者，缘物类竞存之力，乃变其生机之造作，以合于外遇之境地，如食物习俗天气等之激力是也。其说虽亦不免有上帝之见存，然能信生物递进之理，而力驳种类不变之说。

一千八百四十六年，老地学家杜马历打累M.J. d'Omalius d'Halloy（比利时人），以其精思想著一短篇曰《布吕碎路（比利时之京城）王家大书院之报告》Bulletins d'acad. Roy. Rruxelles（英文为Brussels）第十三册第五百八十一页曰：新物类由展变而成，非由创造而来。杜氏在一千八百三十一年，已宣布其意。

一千八百四十九年教习名欧温者Owen，著《肢之性质》Notire of Limbs，于第八十六页内，详论动植物变化之理，以其肌肉之变化证之。其大英学会之演说曰Address to the British Association：俗论于世间万物，咸归功于造物主之权能，谓一切物类，皆经造物者之手一一造之也。何以无翅鸟Apteryx独造之纽西伦（澳洲地），红松鸡Red Greuse独造之于英伦，生物学家不能言其故也。创造之说，既不可通，可释之曰：无翅鸟与纽西伦最宜，红松鸡与英伦最宜，故各有其独产之处焉，此之谓天择。凡新种之变成，皆可以天择之理解之。欧氏发明天择之理，实先于达尔文。然威尔及马太二人者，又欧氏之导先路者也。

一千八百五十一年，圣·以累尔（法人，与前之圣·以内尔分两人）著《动物学杂志》Revue et Mag. de Zoolog。有一段曰：物种虽各各定类乎，实乃常变其形式，渐至不同。最易见者，禽兽之变而未过其类界者是也。尝有数种野兽，经驯养而变为家畜，向家畜又可使之复变为野兽，此最易见者也。更有可据者，无论何种生物，可令其经人为之治理，而变为贵重者是也。又于所著之《生物史之大概》Hist. Nat. General，更扩充上意而详论之。

一千八百五十一年. 医生佛里克Freke著之《达不林医学报》第三百二十二页，论有机物皆出自一单简之原本，但其主意与达尔文全不同。然佛氏又于一千八百六十一年，著一书曰《主有机物亲属派之物种原始》，其说理多有与达氏书为难者。

斯宾塞者一千八百五十二年及一千八百五十八年所著文集，反对创造之说，及谓生机物之发达原于一种奇异能力之说，而据家养畜产类推，以为物种之变，始于未成胎以前，其变迨微至不可分别，其理以递级而渐进。一千八百五十五年，斯氏著《灵魂学》（旧译“心灵”，心安有灵耶）Psychology，以为灵魂之机及能，亦各按等级而递进者也。

一千八百五十二年大植物学家罗丁Naudin论物种原始之理，于所著之《园艺杂志》第一百〇二页Revue Hoorticole，及《博物场考古之新报》第二卷第一百七十七页Nouvelles Archives de Muséum，以为物类之原，其形本相似，后乃经种植之不同，而渐展变，其进良也，乃服从人之选择权。但伊仍未论及天择之理，其所见又与赫伯氏同，谓物种初始之时，较今日更柔软也。

一千八百五十三年，著名地学家伯爵季色林Keyserling，在《地学会广告》Bulletin de la Soc. Géolog第十册第三百五十七页著论曰：若有一种新疾，发自瘴疠之恶气，而此疾流行遍于地球，则地球上之人必可被四周之纤尘所制炼，而另有一种特质，必将成一新式样而与今不同焉。

同年德国医生沙夫哈生Schaaffhausen著书，名《普国莱茵地方博物学会之论究》Verhand. des Naturhist. Vereins der Preuss. Rheinlands，谓凡地球有生机之物类，似历多时而不变，其变为异种者乃其种中之一少分也。沙氏以两种相似者证其说，又谓新种虽生，旧种不灭，而新种尝为旧种之子孙焉。

法兰西大著名之植物学家勒口M. Lecoq者，一千八百五十四年著《植物之地学研究》Etudes sur Géograph. Bot.第一卷第二百五十页论曰：苟有人问我以物类变不变之说者，吾可断以圣·以累尔及苟特二人之说焉，二人皆主物类展变之说者也。然勒氏所著书，于物类展变之说，无所推广，袭旧而已。

鲍威尔者Rev. Baden Powell著Essays on the Unity of World《关于世界统一之论》，其论《创造之哲学》一段Philosophy of Creation曰：风俗者，能造成特别新物种之器具也。

阿累司Wallace与达尔文，于一千八百五十八年著《里灵杂志》（见前）宣告天择之理。阿累司之论，最明白而有力。

德人卑尔Von Bear者，动物学家之魁杰也。于一千八百六十一年，著《动物学人类学之探究》Zoologisch-anthropologische Untersuchungen。卑氏立地理分派之例，谓现今世界之物类，由一简单之初祖而来。

一千八百五十九年大教习赫胥黎Huxley有一论布于皇家书院，题曰“禽兽生命之定式”，论世间最难知之理。即所谓动植物之生存于地球者，皆以同时受创造于全能上帝是也。此诚俗传之谬说，而与天然之理不合。以真理解之，今日世间一切种物，皆由先前之种渐变而成。或病此说之无据者，于地质学，可考其递级展变之迹也。

一千八百五十九年十二月虎克Hooker著《澳洲植物谱》，实证物类之由递变而出，以多种见闻解之。

按：以上诸氏，皆断自达氏出书第一版之期以前。迨达氏书遍传欧洲，接踵而起者众矣，兹不具载。

（原载于《新民丛报》第8号）

《俄罗斯大风潮》序

人间之最恶者，莫如野蛮时代之圣贤矣。其识见局于社会之中，受社会之等等影响而不可脱却，故顺社会之风潮所趋而立说，不能立足社会之外，以指点批评现社会之罪恶，出大力以改造社会，破坏旧恶之社会，另造新美者。其人又稍有知识愈于众，其说现出，则万千之庸众奉其言为经典，视为神圣不可干犯，于是旧社会罪恶之根蒂因之愈固。虽然，野蛮时代之圣贤，在如彼之时代固不可无，而在文明之时代，可谓之为大怪物矣，其功罪每每相抵也。予敢决一言于此曰：无改造社会之思想者，其人断不可谓之大豪杰。

休乎哉，抱改造社会思想之子，豪杰乎！其目的或全达，或全达其一小部分，或历数世而达，或历数十世而达。当其生时，世人皆辱之、逐之，以至于戮之，谓其人为诞人，视其说为邪说。然历数世或数十世之后，则莫不敬而崇拜之，至读其书而咏叹曰：吾何不幸，不生与斯人同时也！

法兰西之国民者，世界上思想最高之国民也。圣西孟之徒倡社会主义（即公产主义）于世，其势日盛。至十九世纪，而英人达尔文、斯宾塞之徒发明天演进化之理。由是两种学说发生一种新主义，是新主义曰：无政府主义。今予所译之书，即所钟主义之历史也。

人间之最可恐者，莫如野蛮时代之所谓贤君英主也，若俄彼得大帝，其一也。日本人福本诚谓予曰：子曷不读福禄特尔之《彼得大帝传》？是于子国之前途有大影响也。呜呼，岛国狭陋之民，固不足以语大理哉！说者动谓俄无彼得则亡，使吾而为俄罗斯人也，则宁为亡国之民，而不愿为贤君英主之奴隶。渐文明之世，凡可以亡我国者，必其国之文明程度远胜于我也。彼既亡我，必能与我交通，而输入其文明；文明既输入，则独立之举可立兴也。当彼得之时，瑞典最强。瑞典者，自由最强固之国也。而俄罗斯而被灭于瑞典也，俄罗斯人犹可得自由，惟因有彼得之故，其国至今无宪法，无议院，因自由而举革命被杀戮者已如麻矣。俄罗斯诚人间之最黑暗地狱也。

无政府党人者，各国政府之最大公敌也。英人克喀伯作此书，称赞之不已。美哉！言论自由乎！凡非人间最黑暗之地狱，未有不许国人言论自由者也；凡非人间最无耻之卑下奴隶，未有不出死力争言论自由之权者也。

（原载于《俄罗斯大风潮》，
少年中国学会、广智书局光绪二十八年版）

唯心派巨子黑智儿之学说

第一　黑智儿之生活

黑智儿名威廉弗列得立克George Wilhelm Friedrich Hegel。一千七百七十年，生于日耳曼之司土特加特Stuttgart。年十八，入土宾根Tübingen大学，修神学。黑氏幼时性颇钝，碌碌无所奇。时与瑞林格Schelling同学。瑞故奇慧，虽为后进，诸同学者莫能及之。黑氏深为瑞之所亲爱，订莫逆交。既而黑氏为贫所迫，之瑞士为私家教师。至一千八百一年，黑氏之父死，遗有薄产，遂弃教师之任，移居约拿Jena，博稽深思。黑氏早年惟传瑞林格之学而已。一千八百一年，始著《费息特及瑞林格之哲学异同论》Difference between Fichte and Schelling，是为黑智儿脱瑞林格哲学范围之始。一千八百二三年之间，偕瑞氏共著《哲学批评杂志》，其中黑氏所著录者颇多要义。一千八百五年，遂为约拿之大学总教师，著《心意观象论》Phenomenology of Mind。此实黑氏直抒己见之大著，而在约拿所著诸书之冠冕也。黑氏著此书时，适约拿有战事。法军蜂至，炮声隆隆。黑氏若寂无所闻也者，手不停书，其思深矣。黑氏在约拿，与日耳曼大文豪苟特Goethe、许累儿Schiller纳交，故黑氏一生，甚称苟特之文学。一千八百七年之邦卑尔Bamberg，发行《政学杂志》，凡二年。一千八百八年之冬，去之鲁音堡Nurnberg，为高等学校之校长。费四年之力，著《论理字》。娶妻士瑞儿Fräulein von Tucher，爱好相欢，一生无间，生二子焉。一千八百十六年，受海达尔堡Heidelberg之聘，为哲学讲师。一千八百十七年，刊行《哲学百科全书》，汇集全学，成一伟著。黑智儿之名，大噪于一时矣。一千八百十八年，受聘之伯林。一千八百二十一年，著《权利哲学》Philosophy of Right，以为人民代表、出版自由、裁判公开、陪审、地方自治五者为政治上不可缺之要质。黑氏在伯林凡十三年，一切哲学，无所不讲，指陈得失，自标新义。黑氏死后，其友人弟子辈乃锒其讲义刊行之。黑氏疏于礼法，不事修饰，外观不扬，而精神内含。其思索哲学也，极深研义，常自标新义，不受前人之范围。接纳后进，循循如也，不自炫傲。一千九百二十九年，为伯林大学之校长。一千八百三十一年，霍乱症盛行于日耳曼，黑氏死焉，年六十一。其著作及讲义共订为十八巨册。卷一小文，卷二现象论，卷三至卷五名学，卷六、七百科全书，卷八权利哲学，卷九历史哲学，卷十审美学，卷十一二宗教哲学，卷十三至十五哲学史，卷十六至十八杂录。

第二　黑智儿之学风

当黑智儿讲学之时，瑞林格之学风盛行日耳曼。然瑞林格之哲学，似自然近理，然无确实之证据，多不合于规则，其失在无科学。无科学，故易流为狡猾武断。盖瑞氏之学，务与康德、费息特相反对，而其说多不合于论理，思想所及，无确然之证据以实之。虽其徒候京Oken、司徒纷司Steffens出，力张其师说，务可见之于实行，而其失在无真实之思想，故瑞氏之学，终不能满于人心。

至黑智儿出，而哲学之面目一变。扫除旧说之误，而以规则证明之，以论理法救正瑞林格之失；脱瑞林格之范围，而自标新义，以宇宙之实象证真理。呜呼，黑智儿之大名，雷轰于哲学界，放大异彩，固自有其真价值在焉，非偶然也。

哲学界之能倡新思想者，如笛卡儿、马累白能奇Malebranche、斯宾挪沙、陆克、白克雷Berkeley、朽姆Hume、康德、费息特之徒皆是也。近世哲学之最盛者，即唯心论与怀疑论。二柱屹立。不归于唯心论者，必归于怀疑论。然徒托虚言而有实证，故世人之领会之者终少，而与常人之性情格格不相入，而世人亦多谓此等学说于世界无关涉、无效验矣。

黑智儿出而世人之心目为之一新。黑氏以为主观Subject与客观Object无差别，故心思与事物亦无差别。究而论之，心之与物一而已，内界外界皆真实，皆非真实，而自相等。此诚笛卡儿、斯宾挪沙之所不敢言。瑞林格虽言之，而其道亦不同也。

乍闻黑氏之说，莫不惊其说之自相矛盾者。盖虚想之物与实有之物，二者固异，不可同也。康德曰：夫人之意想中所悬拟之百金，与手中实已得之百金，其不同也，不待问可知也。黑智儿则以为哲学不可以若是说之。哲学者，必要necessary，而且永存eternal之学也，不可以百金为言也。

百金不可以解哲学。而哲学之所以为必要且永存者则何如？

曰：如我思“无物”non-existence，“无物”则固无物也，然“无物”一语，在我思中则明明成为一物矣，“无物”本无物，而既在人之思想中，则明明一物。然此固明明一思也，故思之与物无所差别。

故黑智儿有名言曰：“物即非物，二者为一。”黑智儿之为是言，非无根之空论也。彼又有一根论曰：“相反者常相同。”

夫相反者何以能相同乎？“有”之与“无”，既迥然相反，则迥然不能相同也。黑智儿曰：相反者乃物质上之事，而相同即在相反之中。盖物不能自有借人之思想而后有。夫思想中之有与无何异？故有即无也。

即以光Light论，苟世间徒有光而无色Colour，或影Shadow，则人亦不能见物，故绝对之光与绝对之暗无以异。光之与暗，不能独存，二者常相杂合焉。

“相反者相同”一语，惹起世人不少之惊疑。黑氏为此说，一洗旧有之陈论，昌言物即非物，主观同时即客观，客观同时即主观，光即是暗，暗即是光。其言曰：世界万物，决不单行，互相杂和，是谓神律。有诗句曰：

Nothing in this world is single.

All things by a law divine.

In one anothers being mingle.

人其勿惊黑智儿之说为新创造也。希腊诸哲既有倡此论于前者矣，黑拉克力太司Heraclitus曰：“是即非是。一物既成，此其是也。物必有其非物之时，此其非是也。”英培斗克尔司Empedocles曰：“万物错杂，而初无名，其有名者，乃其错杂中之分别也。”黑氏之说，即以论理法证黑拉克力太司之说而实之（按：中国白马非白、鸡三足、卵有毛之论，皆是此类。惜无发明光大者）。黑智儿之哲学大原理，即主观与客观相同而又无所别异是也。

夫主观之与客观，迥相别异，何以能同？黑智儿曰：凡物莫不相异，而相同之故，即在于是。此诚哲学至美之论。法兰西人至赞之为神语焉。勒努费尔Renouvier作哲学史，谓黑氏此论为永不可驳者。

第三　黑智儿之绝对唯心论

欲知黑智儿之学说为真实欤，为虚妄欤，读此书者可自得之。

瑞林格谓主观与客观相同，而以磁石两极之相同比之，未为得也。磁石之两极虽相同，而决不能相合，此人人之所知也。黑智儿则谓一切物质，本自相连合者，不必更以二名表其连合之象也。

一切物质本相连合，而无所差异，是为黑智儿之绝对唯心论Absolute Idealism。试以一树而言之，寻常之心灵学者曰：人之见树也，有三因焉：一为树，二为树之影，三为会此影之人。费息特曰：惟有我在，树及树影，本为一物而动我心者。此为主观唯心论Subjective Idealism。瑞林格曰：树之与我，两相同等，无所别异（按：其说甚含糊无据，所以不满于人心也）。是为客观唯心论Objective Idealism。黑智儿谓二子之说皆非是，是三因者本为一事，一切物质本自连合，我之与树，乃此连合中之二名词耳。是为绝对唯心论。三人之论，各相反异，然莫善于黑氏之说。黑氏持此说也，有理论以实之，故不可驳也。

从绝对唯心论之说，对此世界者，惟一连合物而已。斯宾挪莎之原质论，不免太粗。原质者，只此连合世界之一个名词耳。世界者，意想中之连合物也。主观、客观，皆后起之事，自连合上言之，二者虽相反而实相同也。

黑智儿之绝对唯心论，即朽姆Hume之怀疑论也。朽氏曰：无所谓心，无所谓物，惟理想Idea而已。黑智儿曰：无所谓主观，无所谓客观，惟连合而已。康德谓物象可见，其实在之天然性不可见。黑智儿驳之：惟物惟有象而已，物之有象，因人之有思，既思物矣，即是物也。

黑智儿之绝对唯心论所以有大功于人世者何？曰：既知绝对唯心论之理，则知此世界者，本无物，惟有连合。而人之思想，可自由发达，抉破一切之网罗，而无所于限制。故黑智儿之绝对唯心论，实新世界之大光明也。黑智儿曰：思想者，世界之灵魂。当极至其自由，而破除一切之障碍，确然自信为有绝对之灵性。既自信为有绝对之灵性矣，更有何恐怖？更有何挂碍？浩然沛然，独来独往，是之谓极思想之自由。黑智儿之言如是，其天才之卓绝，实可惊叹哉！

第四　黑智儿之论理学

黑智儿之论理学与寻常论理学之意义，迥不相同。彼特借论理学以证“心之与物，本非二事”，谓“心迹之与物体无差别，即心即物”，一变旧时论理学之面目焉。

黑智儿之《论理学》共三巨册。标清洁之思想，脱寻常之迹象。其旨谓：物之德性，本有制限。既无制限，则亦无物。

其第一命题，曰："物与非物为一。"此诚非常之奇论，而初闻之若大可笑者。或难曰：物既与非物为一，则居室也、产业也、天气也、城市也、日体也、法律也、心意也、虚空也，皆无差别乎？黑智儿曰：是诸物者．皆有一公同之归旨，曰"利用"。或又难曰：诚如子言，则世界之物自有用者，有无用者，何故？黑智儿曰：哲学者，发表理想，而使人脱尽一切有限定的归旨之学也，乃使人觉夫有物无物皆无殊别之学也。

黑智儿又曰：相反者相同。其相同之故，以凡物皆互相连合故。是之谓正面实体Positive reality。而自物与无物相同，言之别亦无实体，其有实体者，以化成也Becoming。化成之原质有二，一曰：无物（乃兼包者）；一曰：物（乃被兼包者）。是二原质者，本相反异，而相吸引，因连合故，故二者皆成实体。

知化成之理，则知物与无物，仅想象上之事而已。经想象之化成，乃成实体。既积两非，乃成一是。

物莫不有其制限而固定。既固定矣，即为非物。物之化成也，其初必为非物。

物质非物也。物质既明明有一实体，何谓非物？曰：既已为物之一境，则为菲物。黑色之所以为黑色者，以其非红色、青色、紫色也。草地之所以为草地者，以其非葡萄场、花园、禾田也。

物有反面乃成物，既如上证。物之后面常可迁移，而不固定。以彼That此This言之，如人立一树下，远见一屋，则必谓树为此，谓屋为彼。苟迁移去之屋中，而远见树，则又必谓屋为此，谓树为彼。世间一切万物，莫不互有反面，或者为此，或者为彼，其位不定，皆如屋树。准此以推，可知世间万物，莫不相同，惟有连合而无反异。

且人皆有常言曰“现在”。“现在”一语，至无定也。时方亭午，而曰“现在”，则“现在”为亭午。经十二点钟，而至夜半，于此之时，而曰“现在”，则“现在”为夜半。谓亭午是“现在”乎，则夜半非也；谓夜半是“现在”乎，则亭午非也，二者必居一于此矣。然则“现在”Now者，乃普通独立语也。

黑智儿之论理学效力甚巨，而其为说也，甚暧昧而难解，其意味甚恍惚而难知。苟深思之士，潜思其理，未有不惊黑氏思想之奇，而叹其言之与真理固相合也（法人Dr. ott常详解其书）。

第五　黑智儿之历史哲学

黑智儿之历史哲学，仅有讲义。后其徒苟司Gaus乃记录之，成为一书，实黑氏全集中最有味之书也，令后之读者自赞美之不止。

黑智儿谓：历史者，人群理想发达之记录也。欲研究历史学者，不可不知其三面：一正面，二反面，三反面之反面。经此三面，人群之真事乃可见。

国家也，国民也，个人也，皆特别时代之代表也。故其构造与仪式，此时与彼时常不相同。而器物者，实时代变迁之迹也；英雄者，实时代表记之魂也。

由国民而成国家，非骤成也。初由一家族为一部落，由一部落为一种族，由一种族为一国家，是理想之事实也。

理想之发表也，必有一剧场焉。地球是也。地球者，产生理想之方所也。登此剧场之人物，常随时代而变异。地球者，历史之基址也。地球大约可分三类：一山地，二平原，三河岸、海口。人群之初发达也，必在平原旷寞之野，及稍进，则必在河岸萦回之区。地势开通，人群之灵性乃日浚，商务远及，人群之发达，至不可限量焉。

古今之历史，大约可分为四大期：

一为东方古国发达之期。其发达之异点在物质。其时人之理想，不知有自由，不知有人权，惟知尊君主而已，是为理想发达之婴儿时代。

二为希腊发达之期。其发达之异点在个人。其时之人理想，知有自由，然不知人人皆有自由之理，以为惟其国人之数分可有自由而已，心与物混，是为理想发达之少年时代。

三为罗马发达之期。罗马勃兴之时，主观与客观之分别甚明晰，政治之机关与个人之自由，并发达而不相合，是为理想发达之成人时代。

四为条顿人种发达之期。不仅如希腊、罗马之思想，以为国人之数分可得自由而已，以为一切人皆有自由，是为理想发达之老年时代。

夫身体之老为衰颓，而理想之老为成熟。黑智儿以哲学装饰历史，能直扶历史发达之实例，诚巨观也。黑氏又引甚多之事实以证之，兹不具评。

（原载于《新民丛报》第27号）

社会主义之鼻祖德麻司摩儿之华严界观

华严界者Utopia，哲人意想中之一虚境也。是虚境者，乃一乐岛，远莫能致。此乐岛中，住有完全社会。一切人类，生活快乐，宪法纯净，政府无恶，简易欢喜，以终其生，无有扰乱险恶一切诸难。

此世界真有此乐岛乎？抑无此乐岛乎？曰是不过诗人之游魂、哲学家之梦想，遇焉游焉而已。理想高远之士，寄身尘球，社会之罪恶，政治界之非行，日构于其目；人民之惨苦无助，呼号哀怨，日接于其耳。或怒或怜，或泣或歌，悲来填膺，无可告语，不得已寄奇想于虚洲，托芳情为诞说。国无人莫我知兮，将以俟诸百世之下也。此德麻司摩儿之《华严界》所以出现，而此世人遂多一种Utopian之新学说矣。

华严界者，人意所创造理想所组成之极乐世界也。譬之匠人建屋，必先画草图，以定其经营之工夫，彼理想家伤今世社会之腐败，欲破坏改革之，乃先造一虚幻优美之世界，以为改革之标本焉。凡此世界中之人，贫富平等，无有界限，合力作工，以相养活，雍容乐群，不自私利，奢富怠惰，为最恶德。

人群之大患，莫甚于局于现在而不思将来，蔽于一方而不见八面。共此世界之事事物物，乃常进化的而非退化的也，乃常发达的而非停滞的也。自有此世界以来，由流质而变为定质，由草本禽兽而变为人类，万劫尘尘，莫可详诘。则更历千万年以后，世界更不知变为何状，人类更不知变为何种，此深思之上，所为沉痛拊膺而狂歌也。彼区区社会政治之现状，有何可恋？有何可拘？而破坏改革之，有何可惜？彼夫惮于破坏改革，此乃停滞退步的国民，而非进步发达的国民也。其何能战胜而自存？

今日欧洲之世界，固不能谓之为治极之世界也。虽然，其脱去旧时之腐败现象，而有今日之世界也，亦不过百年。距今三百八十四年以前（今年一千九百〇三年），欧罗巴大陆上政治宗教社会之腐败，俱达于绝顶，而破坏改革之机，萌动而不可遏也。英伦乃有一小书出世，此小书者，实为欧洲改革之原动力。著此书者即德麻司摩儿Thomas More，而此书之名，即《华严界》Utopia是也。

德麻司摩儿者，英王显理第八时之大司法官也（按：德麻司摩儿终被诬为谋反，刑死）。有高深渊远之思想，特著此书，以剖挈当时之恶俗，写当时社会困苦唏嘘之情状。高引远指，或劝或讽，而爱恋全欧人民之情，缠绵不竭焉，为当时英国出版书中最大之杰著。大声疾呼，惊醒英伦人民悲惨之恶梦，而易以一完全社会之美好相片示之。

格林Green所著之《英吉利人民史》History of the English People，名著也。其批评摩儿氏之书有言曰：受耶稣教化一千五百年之国（指英国），社会渐衰颓，宗教渐败坏，政治渐残酷。仁爱之哲学家（指摩儿），乃构一虚想之世界，以人类自然之道德，为此世界之元气，以安宁、平等、和乐、自由四德，为其世界之大火光，而全与现在之社会相反。现在之社会，富者结群而敌贫，强者恃力而凌弱，是黑暗腐败之社会也。华严界则不然，人人有其福乐团体勤力智慧教化，以劳动社会为共和福祉之墓。劳动律之目的，惟以保固劳动者之安宁。作工之时短，息游卫生，各如其志。人人受公教育，刑律极平，教化雍容，国民敦睦。今日社会改良家之宣战书，多自摩儿之寓言书脱化出来也。

《华严界》一本分为二卷。读第一卷可知当日英伦社会之情状：人事萧条，凄凉满目，贫人及罪人加增之速，令人可惊。然其加增之原因有三焉。

一　乡人无管有田产之权，故任膏沃之原，鞠为茂草。而勤农无田可耕，自然流为贫穷怠惰。

一　战争忽罢，无数兵卒，革除无业。

一　游荡奢侈之民多，而无人雇之为工。

因贫穷之故，而有罪人，既犯罪则以严刑峻法绳之。呜呼，谁实为政，而致斯民于此极也。缢架累累，悬者不绝，是岂非政府之过乎？

富贵者之惰侈自利也，僧侣之腐败也，垄断重利者之害恶也，赋税之繁苛也，法律之不平也，《华严界》以活泼沉痛之笔写之。至今读之，有余痛焉。其断语曰：贫者之工金，或为富人诡诈之所剥削，或为偏颇法律之所侵吞。官吏也，富人也，实一国中之大蠹也。

第一卷令焉《华严界》之反面。益必知现在社会之苦，乃可见未来社会之乐也。至第二卷乃全反第一卷之景象，而放大光明焉。

华严界无君主，每三十家选一人，立为三十家之长，名之曰非拉曲Philarch。每十非拉曲中，举其尤公正者，为非拉曲长，名之曰拍娄团非拉曲Proto-philarch。非拉曲年选一次，聚于议会而议办其群之公事焉。聚非拉曲长，而选一行政长，终其身任之。但此行政长如有恶行，可以公议革之罚之。华严界中，有广大美丽之市五十四，公派其土地，而公耕之，以养其民。土地所出，列置城中，属为公物。人民需用，则往取之。积其余者，以备后日之需。岛中无不工者，工时极短，以闲暇之时，修诸美术及诸学艺，音乐跳舞，于公花园。竞修知识，发明新学，为英人之乐。其民无贫无富，各均其分，不立严酷之法律，因华严界中无犯罪之民也。华严界之风俗礼仪，清洁单简，因其民莫不受合宜之教育，抱高美之思想也。华严界无专制之君官，亦无早屈之奴隶，因其民各室有天赋之人权，服从天然之法律也。华严界之人民，一切平等，而公选立其政府，因其土其民，不许君主篡据之为私产也。华严界无美衣厚积以及军需，因其民莫不嫌弃富厚、战争，视为苦恶也。华严界之金价同于顽钱，以其无所于用也。华严界之人氏，无据有之私产业，若动产，若不动产。因据产必不平等，不平等则危险罪恶将由是生也。华严界之民，不羡富厚权势，羡之者为贱格，因公视富厚权势为苦具也。华严界无饥馑，因土地公有，其民视之，珍惜特甚，且合群力以耕植之，故出产多也。

华严界之人民，极重视宗教（二百年前之见识固如是）。公选一人掌握之，司其人民灵魂之教育，及普通教育。华严界无律师，因其中无产业等之诊事也。其人终身欢喜安乐，无明日之虑，无意外之患，工作安易，而不劳倦。以其闲暇，为无罪之戏，享合理之乐。人人重奉公德，以为灵魂道德之乐，以诸形质智识之乐更高尚也。

华严界之主义，果能实行于今日，以改革社会乎？曰：否。摩儿作此书之本意，不过以之为当时政治社会罪恶之照镜耳。因其时尚为君主专制之时代，改革之论，不便直言，故托之于诡谲之诞词也。摩儿之书末亦云：必人人皆良善，而后极良善之社会出，华严界之主义，乃可实行。虽然，不知待至若干年之后矣。予日望之而已。

今日社会政治上之重要问题，即土地产业问题也，而摩儿之书实首发之。夫以多数地产，为少数人之所据有，此诚致人民于穷乏而不能独立之原因也。虽今日欧洲之地产，尚未行大革命，而劳动之工人，已皆减少时刻，多得利益，此皆实行摩儿强魄舒魂之主义也。又今日欧洲屋宇道路之制，亦实行摩儿之主义者。因华严界所定之制度，道路须阔二十英尺，居室之旁，须绕之以宽敞花园，务极光丽优美之致。

德麻司摩儿者，实仁慈之社会改良家也，实人群历史上之社会罪恶大批评家也，实提出新社会之大理想家也。夫徒指摘社会之罪恶，而无真实之仁慈心，则其言必无力，不能引社会于高一层之进步。

德麻司摩儿，实共产主义之开辟大祖师也。彼所处之时，社会改革之思想，尚未萌动而独首起发机，著不死之伟论，留诸永世。后人之读其书者，孰不惊其思想之奇阔也。

前乎摩儿者，有拍拉图；后乎摩儿者，有法兰西之社会主义创始者圣西门Saint Simon、佛里儿Fourier，其学说皆最相近。非之者辄谓其学说断不可实行。虽然，即作者亦自谓其说之不能骤行也。然社会而终不改良也斯已耳，社会而终不免于改良也，则伟人思想中之世界，虽不能尽行其主义之全分，必行其少分矣。然则伟人之思想，终非梦呓，终非幻说，其叹息终可慰，其希望终可达。人类社会改良之原动力为何物乎？聚群喙而议之，不能不归诸伟人之幻想，匹夫之空论也。

（原载于《译书汇编》第2年第12期）

欧学之片影

拿破仑之去国辞（一千八百十四年四月二十日）

吾去矣，敬与同僚诸故人别。吾之与诸故人勠力同心，共出入于光荣功烈之路，于今既二十年矣。诸君之忠勇匪懈，不惟吾知之，天下人莫不知之。诸君舍身殉国，使法兰西之国光，赫然耀于宇内。诸君既莫不身经百战矣，虽然，战无尽期，诸君之担任无尽期，吾之期望于诸君者亦无尽期。

法兰西之前途究竟如何，此未定之问题也。我遥思法兰西之未来，我遥思法兰西之既往。昔者法兰西既苦于君政之专制也，复乱于民党之内讧也，其势岌岌不可终日。时则吾牺牲一身之利益，以殉国家。吾今去矣，不能终事国事。苟诸君益能忠勇不懈，服事国家，使吾虽在流离转徙之中，犹闻诸君不忘国、不忘吾，常使法兰西之光荣不坠益崇，则吾虽去国，犹未去也。吾今去矣。

去矣，诸君。吾虽舍诸君而去乎，诸君之名常铭于吾心，与吾生而俱永。虽然，我记念诸君，亦望诸君之记念我。苟我之名能常存于诸君之心，则我之愿足矣。去矣，诸君伏维为国努力自爱。

天然之秩序与人为之秩序

法国人那盖Naquet著《共和原理》，以鼓吹共和主义，中多明白痛快之论。截译其“论秩序者”一节于此。

法文之“秩序”Order一字，盖原于拉丁字之“屋斗”Ordo。“屋斗”者，整然有条理而不紊乱之谓也。

以物件言之，苟其物顺序陈列，依厘然整齐之位次而不紊乱，是之谓有秩序。而不然者，杂然混乱，失序无位，是之谓无秩序Disorder。

虽然，秩序有两类于此：一曰天然之秩序，一曰非天然之秩序（亦曰人为之秩序）。所谓天然之秩序者，各顺其天然之地位，以成秩序者也。所谓非天然之秩序者，强以势力范围事物，而不合于自然之理由者是也。其实非天然之秩序云者，终亦必不能成秩序。

以例明之：

今有一国书馆于此，藏书极富。苟其书之位次井然，由卷一以至卷二、卷三，顺序不乱；且其书名各以类聚，化学之书为一类，法律之书为一类，文学之书为一类，若是者谓之为天然之秩序。天然秩序之效，即任一人之不知其书之在何所，苟按其目录而稽之，则其位次即可得也。

反而论之，苟一图书馆内之书，种类淩猎，位次紊乱，文学及法学之书，互相杂而无所分别，虽其书亦有卷一、卷二之顺序，苟欲求之，终日而不可得也，是之谓非天然之秩序。非天然之秩序与无秩序固无异也。

试以印度之事言之。印度有喀私德之制，世世继续，各守一定之职业而不紊乱。王之子必为王，靴工之子必为靴工。无自由，无平等，无自然，坚守婆罗门之教律，而不敢出于古昔规矩之外，故印度之秩序乃完全人为之秩序也。

瑞士及合众国则不然，其国人虽分职而仍平权（按：分职与平权不相防。不然，男女固无平权之理。但分职之事，须由国人自由择取，而不可限制之耳），各从所好，以择所职。通国之人，不分阶级，各从自然，而保自由，以相亲爱（按：凡无亲爱为元质之国民，侈言自由，必多流弊）。此瑞士及合众国之秩序，实天然之秩序也。

专制政体之国，固无天然秩序之可言也。天然秩序与阶级，二者不能并存。夫专制之国之不能无阶级，此人之所易知也。有阶级则国民无平等自由。天然秩序者，平等自由之好现象也。

天下最危险之国，莫若专制国者。天下最安宁之国，莫若共和国者。共和国既有天然之秩序，其国民各以己意择职业，国中之行政者皆代行民意也。故共和国之根基最完固，不可破坏，不可动摇。而专制之国，常借兵力以维其人为之秩序，一旦力绌，则人民得起而覆之，异族可入而服之。故世界上最危险之政府，莫专制国之政府若；世界上最危险之人民，莫专制国之人民若。

吾敢决一言于此曰：天然之秩序者，惟国民有主权之共和国乃有之，而断非专制君主国之所能有也。共和国之政府，由民意立；共和国之法律，由民意出；其兵力以保卫人民，而非以防制人民也。专制之国反是。然原夫专制政体之所由生，则因其国民之至愚。故国民一日不愚，则专制之政一日不能存。

共和国之国，必须受普通之公教育。玛志尼曰：吾侪以重造意大利国为天职，以建立共和国为目的，以革命为手段，以破坏为宗旨。虽然，吾侪不可不谨记一言曰：教育与破坏并行。无教育之破坏，乃野蛮之破坏，而非文明之破坏也。若是，则吾侪建立共和国之目的，永世而不可达。

共和国既有天然之秩序，其征于人民之赋税，皆以之兴公工，而不以之饱私欲，使出赋税者必各得其出赋税之利益焉。专制之国，无天然之秩序，以民间所输之赋税饱君吏之私欲，而不以之兴公工。

十九世纪二大文豪

十九世纪之大文豪亦多矣。其能使人恋爱，使人崇拜者，非苟特Goethe，非许累尔Schiller，非田尼逊Tennyson，非卡黎尔Carlyle。何以故？因彼数子之位格之价值，止于为文豪故。至于雨苟Victor Hugo及摆伦Byron则不然。

雨苟者（一作嚣俄），法兰西之大文豪也，而实爱自由之名士也，国事犯也，共和党也。摆伦者，英伦之大文豪也，而实大军人也，大侠士也，哲学家也，慷慨家也。若二子者，使人恋爱，使人崇拜，使人追慕，使人太息。

雨苟所著最有名之诗篇，为Odes et Ballades，为Orientales，为Châtiments，为Contemplations，为Légende des Siécles，为Année Terrible。其所著最有名之小说为Notre-Dame de Paris，为Les Miserable。其所著最有名之戏曲为Hernani，为Buy Blas，为Le roi S'amuse，为Marion de Lorme，雨苟幼时喜讴歌拿破仑第一

之功德，投身王党，及后入议院为议绅，则翻然与拿破仑第三之帝政相反对，以是被放。及拿破仑第三败，雨苟复归，大为国人之所崇敬。及一千八百八十五年雨苟死也，举国哀悼，以国礼葬之，诚文人旷世之荣典也。

雨苟幼时与其邻女阿对儿Adele相恋爱，往来之恋书，蔚然成帙，即世所传之雨苟恋书是也。经无数之阻难，卒成婚姻。及后雨苟老矣，阿对儿已死，重展旧时之恋书，则感慨涕泣不自禁。作一诗曰：

此是青年有德书，而今重展泪盈裾。
斜风斜雨人增老，青史青山事总虚。
百字题碑记恩爱，十年去国共艰虞。
茫茫天国知何处？人世仓皇一梦如。

雨苟一生享婚姻之乐，摆伦则适与相反。摆伦者，绝世翩翩美公子也，而偏遇极不乐之婚姻，真咄咄大怪事。

英国社会之风俗，最重谨严。而摆伦则抗［肮］脏不羁，醉心福禄特尔、卢骚之学说，喜讴歌拿破仑。聚妻不久即离异。其致离之第一原因，则因摆伦常于其妻之室中，燃放手枪，其妻惊惧，劝止不听故也。因与妻离异一事，而攻击摆伦之诽言四面风起，摆伦又迫于家计贫困，遂飘然去英伦。

摆伦曰：大丈夫当立赫赫之功名于世间，故居常当练习戎器，操揉筋骨，使吾身能当风尘波涛之各种险恶，而不为所困。后居意大利，闻希腊独立军起，慨然仗剑从之，谋所以助希腊者无所不至，竭力为希腊募巨债以充军实。大功未就，罹病遽死。英伦失其第一文豪，希腊失其第一良友。希腊通国之人莫不震悼，为服丧二十五日，下旗，鸣炮三十七响以志哀，因摆伦得年三十七也。

摆伦病危时与人书曰：人之行事，固不必计夫功效之多少，落落然行其心之所安。少有所作为者，比之绝无所作为者，终稍快人意也。其言雄矣。

摆伦最有名之大著曰：Childe Harold及Don Juan。

（原载于《新民丛报》第28号）

论中国国民道德颓落之原因及其救治之法

欲改革中国，则必自改革中国之道德始矣。中国之言改革也，四十年以来矣。于甲省立一船政局，于乙省立一枪炮厂；今日筹数百万金以买铁甲船，明日筹数百万金以建坚固炮台。是军械上之改革也，卒之遇敌辄败，一败之后，亡失无所余。以是言改革，则犹之执规以画方，南辕而北其辙也。甲午之后，士大夫乃稍变其议论，知欲存中国必至革政始。虽然，使无数喔咿嚅唲突梯滑稽之人革政，则犹之使黑人管轮，使红人司机也。观于今日中国各学堂之总办教习，其效已可知矣。是无他，不先改革道德，而欲改革政治，则犹之执规以画方，南辕而北其辙也。国民之有道德也，犹之身体之有脑筋也。脑筋有病，而欲于区区肢趾间施药石以治疗之，其何能愈？

稍读泰西道德学之书者，必知中国道德之不完全，即以伦理学言之，泰西分伦理为四大纲：曰对一己之伦理，对社会之伦理，对家庭之伦理，对国家之伦理（多有分为五纲，而有对上帝之伦理者，南欧诸国尤甚。玛志尼作《人职论》The Duties of Men，以上帝为主脑，而贯其余之四者。此南欧诸国伦理书之代表也）。虽其内容之学说，各国不同，各人互异，而其条理完善。日本今日各学堂之伦理教科书，莫不从之，不能以其为泰西之伦理学而拒之也。

董仲舒有誓言曰：天不变，道亦不变。是言也，近时之言革政者每乐道之，动辄引为口实焉。此诚野蛮之人言。微知天文学者，必知天不变之说之谬。稍知道德学者，必知道不变之说之谬。泰西道德学家有恒言曰道德进步moral progress，曰道德发达moral development。盖无论此世界、他世界，一切事事物物，莫不进步者，莫不发达者，乃宜于物竞，乃宜于天择。虽道德亦在此范围之中，而莫之能外也。

道德何以有发达进步乎？曰人群之进化也。由野蛮以进于半文明，由半文明以进于文明。野蛮时代之道德，不可用于半文明之时代；半文明之时代之道德，不可用于文明之时代。时代之进于文明也，无有止期，故道德之发达进步也，亦无有止期。

试更以实事证之：欧洲二三百年以前之道德，则犹是野蛮时代之道德也，若主人对奴隶之道德，若殖民者对黑人之道德，若君主对人民之道德，若贵族对平民之道德，若男子对妇人之道德，是可谓之为文明道德乎？而自卢骚出后，君主贵族对人民之道德何如矣？自林肯出后，主人对奴隶之道德何如矣？自弥勒约翰（著有《女人钜制讼》Subjection of Women）、拉布雷Edouard Laboulaye（法人，著有《亚美利加史》Histoire de I’Amerique，主张男女同权，与弥勒齐名）出后，男子对妇人之道德何如矣？是数子者，毅然排除野蛮时代之道德，献其渺渺之一身，为滔滔众谤之归流，或至罹凶杀而不悔，卒能奏道德改革之凯歌焉。是岂非世界之大伟人乎？持今日之欧洲，与百年以前较，则旧天地与新天地之风景，划然分明，是不惟政治艺学为然，而道德尤甚。彼持道德不变者，诚无据也。

持今日之中国，与二三千年以前之中国较，点滴相肖，无所别异。器械则犹是粗窳也，政治则犹是专制也，道德则犹是钳束也。岂惟不进化而已，或反不及前人而退化焉，诚咄咄怪事哉！

今论道德。道德进步之原因，曰辩难。甲立一说而乙攻之，丙立一说而丁攻之，攻难不已，而真理渐出焉。弥勒约翰曰："天下之所谓真理者，其点常不能固定。一人所立之说，不可不容他人之辩论。众辩大兴，真伪乃判。立说以开辩论之门，不能谓反对说为异端，而不乐闻也。"

综而论之，中国道德颓落之原因，唯坐二弊：一曰以宗教为道德。二曰以风俗为道德。夫宗教Religion之与道德Morality，其性质各不相同，不可不辨也。宗教者，道德之一小分子也。道德可以包宗教，宗教不可以包道德。宗教为道德之附从，而不可以道德附从宗教也。中国之际战国时代也，群哲并兴，各立一说，以相诘难，道德、政治、艺学皆于是萌芽焉。孔子诚中国之伟人也，其说博大深奥，使遂无黜异端之惨祸，后人继起，以其学为底，正其谬，实其虚，攻诘辩难无已时，则中国之进步发达，孰能量之？乃专制君主利用其尊君之说，黜老、墨之非尊君者，而定孔说以为一尊。呜呼！汉武帝尊孔学之日，即中国由进化转而为退化之日也。后人不察，反摭拾之以为美谈，不亦谬乎？

孔子者，大哲学家也，大教育家也，大政治家也。乃因专制君主制利用其尊君之说之故，强尊之为教主，强尊其书为圣经。彼专制君主何所爱于孔子乎？荣孔子以虚名而已，则阴受其实利，虽误尽苍生，非所恤也。呜呼！汉武帝雄才大略，诚为专制君主第一魁杰，虽秦始皇帝远不及也。

佛教岂不美哉？勘破生死，普度众生，其思想高绝一世矣。然使人迷信之，舍佛教外无所谓道德，而印度遂亡矣。回教岂不美哉？造成其族人勇烈之风，趋死若鹜，中世纪几席卷全欧焉（摩诃末有言曰：乐园在剑影之下Paradises under the shadow of swords，欧洲英雄每乐道之）。然使人迷信之，舍回教外无所谓道德，而土耳其遂病矣。此诚宗教与道德相结合之恶果，岂不然哉！岂不然哉！欧洲之所以有今日之文明，皆路德之赐也（按：路德以前因攻教而死者不乏人。其著者曰亚娄得Arnold、夫拉斗西娄Fra Dolcino、沙屋拿娄拉Sawonarola、阿尔比党Albigeois、浮得党Vaudois、娄拉特Lollards、哈斯Huss。而哈斯尤烈）。自路德出而新教兴（天主教常谓印刷术为魔术，谓天文学为魔道，其为新理新学之防如此），新教兴而道德渐与宗教分离焉。此欧洲道德发达一大关键，亦欧洲社会发达一大关键也。（欧人谓欧洲思想之发达有三级：路德改教为第一级。十八世纪卢、孟之徒出，政治哲学等等别异之思想蜂起，为第二级。至十九世纪日耳曼人苟尔特Goethe、费忽特Fichte之说出，思想自由达极点，为第三级。经此三级，而宗教专制之俗，脱弃尽矣。）

弥勒约翰《自由之理》，有一段论耶教与欧洲之道德无关，其言曰：所谓耶教之道德者，其指《新约》乎？《新约》固不能赅人道之全也。耶教所传到之国多先自有其道德焉，耶教不能皆取而代之。且耶教之道德，多本于《旧约》，《旧约》之道德，固野蛮人之道德也。且耶稣之道理，犹太之礼仪，至保罗而改革已多。当耶教传至希腊、罗马之日，二国已先自有其道德矣。且今日所谓耶教之神理及道德者，非耶稣及使徒之所倡，而多为加特力教徒之所附益。至路德出而又改良焉。盖皆为中世纪之所加，各教派之所补，各国人性质之所变。苟谓欧人之道德，全出于耶稣及其使徒，此予之所不敢认也。予敢断言曰：耶教之道德，不完全而偏于一方之道德也。欧洲今世之道德，多由欧洲人种之性质事业所建立，耶教何与焉。

欲救治今日中国国民道德之衰颓，第一说曰：凡我国民，皆当了然知宗教与道德为分明不同之二事。宗教者，一成不变，有其特别之性质者是也。道德则变动不居，与时代之进化，有正比例。凡是社会中之一个人，皆有建立发明道德之权，指摘旧有道德之弊恶，破除之而易以新者。陈列己意，著为新说，以待世人之自由取决焉。又必使人人知孔子之真价值，知孔子为二千五百年前之教育家、政治家、哲学家，孔子之哲学，有真价值在，后人可取而发明之，推明之，驳正之，无所谓离经畔道也。孔子之教育、政治之学说，则已多不可用于今日，宣存而不论。夫欧洲政治、教育之学说，万派分歧，新旧代谢。数千年之学说，其何能皆适用于今日，而仍旧不改也。虽梭格拉底、柏拉图、亚里斯多德之学说，最为欧人所珍爱，然亦不过等之于考古之遗物而已。孔子之价值不能远过于梭格拉底，故待之亦当如是。

甚矣风俗之为害也！中国之开化，可谓早矣；中国人之智慧，可谓高矣，乃为风俗之威权所缚束，误认之以为道德，故吾中国无所谓正义，风俗即正义也；无所谓公理，风俗即公理也（闻革命之论而惊骇，受满洲之惠而迷惑，皆认风俗为公理之过也）。欧人常评论中国曰：进化固人群之公例，而或有物焉以防之，则亦停滞而无复进步，如中国人之溺于风俗是也，是如盘旋于牛角之中，愈入愈狭而不能出。苟中国人能沛然决出风俗之障蔽，人人有独立自由之精神，则其进步必有不可量者。此昔年黄祸之说所由兴也。

中国士大夫有恒言曰："遵先法古。"中国乡人有谚语曰："不听老人言，灾害在眼前。"此实断送中国生命之绝命词也。古有古之时代，今有今之时代；古人有古人之心才，今人有今人之心才；而何可遵之有？而何可法之有？惟法古也，惟遵先也，士守缺残之义理，农守笨滞之耒耜，商守狭小之局面，工守粗野之规矩。莽莽乎二十行者之土地，为强邻角逐之场；芸芸乎四万万之人民，为异种籍制之奴，夫复何言！

欧人有恒言曰："人生百年，如素纸百页，每一页以一己之言行书于其上。"若从法古遵先之说，则人复一人，世复一世，惟钞写一同样之蓝本。进化之人类，不当如是。

且人不可不法古，于此有三说焉：

一、古人之所经历，境界甚狭，或解说多误。

二、虽古人之历险解说不误，然时代既异，则迥不相宜。常有古人之风俗，止与古人之境地性质相宜，至时势迁移，后世之境地性情，已全与古异，则断不可复执古俗以绳之。

三、虽前世之俗，与今人犹甚相宜。然是特风俗而已。人固各与其天才焉，修育之，发达之，各如其所能。人人有天赋灵贵之心才，风俗无权以埋没之也。

所谓天赋之心才者，如思想才、决断才、辩别才皆是也。人世一切道德，皆以吾之心才自由决择之。前无古人，后无来者，是为自由独立之民，国之有是民者，是为自由独立之国。自由独立者，人群进化之真精神也。人类之三大自由，曰思想自由，而议论自由、著书自由附焉；曰结会自由；曰择业自由。是三大自由者，横绝天地，无所限制也。至于行为之自由，则不能无界。然不能执界之一字，遂箝制人群之行为自由也。日耳曼大儒汉保德W. von Humboldt曰："人当自强不息，各自发达其心才，而不为同类寻常之耳目所欺，是之谓个人之权势，是之谓个人之发达。"近日新党之议论，颇有以少年之误认狂妄为自由，鳃鳃然虑之者。然是乃自由原理未明之故，非自由之不适用于中国也。自由之原理曰：少年人乃受教育之时代，无自由。野蛮人无教育，亦无自由。忧时之士，不务考究泰西所谓自由者之原理，执一二细事，遂谓自由之理不可倡，倡则流弊滋多。呜呼！天下岂有无自由之国乎？

中江笃介者，不惟日本之伟人，亦亚洲之绝大伟人也。有一子在中学校，中江语之曰："汝其好游，汝其试验勿及第。汝能好游，吾赏汝；汝能试验勿及第，吾赏汝。"此在中国人之卑陋眼孔视之，鲜不以为怪者。而中江固欲自幼养成其子有自由高尚之风，不欲其安于小就也。

予固非谓改革道德，则扫尽中国旧有之道德，而尽从泰西之道德也。既知中国旧有道德之不完全，而宗教及风俗最足为道德进步之大防也，则当输进欧美各种之道德学说，抉其精以治吾之粗，取其长以补吾之短，而其要尤在鼓励人人有自由独立之精神，养成人人有别择道德之智识焉。夫道德犹法律也，人人有立法律之智识，而后有守法律之习惯，此条顿人种之所以能自治也。此理易明，人多知之，道德亦如是。欧洲之道德，虽不外上所言之五纲，而其为说则各不相同，英国最重康德、陆克之学说，而攻康德、陆克者不少也。盖野蛮时代之硕学，必为其群中之圣贤。文明时代之硕学，常为其群中之奴仆，献其思想，著之于书，以供其同群之采择玩好焉，于其群中多开数面攻诘辩难之门而已。必人人有别择道德之知识，而后人人有服行道德之习惯，如是群中之道德，遂永世无复颓落之日。予敢断言曰：今日之中国，苟欲其国民真能自治也，必自人人有立法律之智识始；苟欲其国民之道德永不颓落也，必自人人知道德与宗教风俗之别，晓然于道德之真为何物，而各有别择道德之智识始。

（原载于《新民丛报》第28号）

弥勒约翰之学说

一、自由说

日耳曼人种曰：自由者，日耳曼森林中之出产物也。欧美之人之言伦理学者，其对社会之伦理一章，第一曰：重生命；第二曰：重自由。又从而为之说曰：自由之与生命二者不可须臾相离，故自由与生命之关系比之财产与生命之关系尤为重要。欧美之人视自由也，若是其切要而宝贵也。顾吾中国之文明开化，既历五千年，而中国人至今犹茫然不知自由是何意味。其轻薄者则如罗兰夫人所云，借自由之名，以为罪恶。其谨厚者乃鳃鳃然防自由之有流弊，相戒不敢复道，甚有诋自由之说为异端，诋唱道自由之人为妖人。而世之所谓达人名士者，其论自由也，亦仅以自由当有界而不可以无限一语为说。夫是则何足以尽自由之意味也。

弥勒约翰曰：有有界限之自由，有无界限之自由。无界限之自由，为世人之所必需宝有，而不可压制、不可放弃者，厥有三项：

第一项曰思想自由。任在一地，任处一事，人人皆有思想自由之权。或于学问，或于道德，或于宗教，以各各不同之自由思想，择别去取之。人之会心不同，而各有其一己之绝对自由主意焉，不可强同也。言论及著作之自由，则与思想自由稍异。因思想自由与人无关涉，而言论及著作之自由，与他人有关涉也。然言论及著述者，皆所以发布其思想于外界也，故亦当得同等之自由。

第二项曰择业自由。各人随其性情之所近，以择职业。如己所志，而择一业，他人不能相阻。苟我之所为，果无害于世人，虽世人谓我愚顽，谓我刁诡，谓我错误，固无伤也。

第三项曰结会自由。今世文明之国，莫不有无数之公会私会焉。会也者，国民团结之精神也，事业扩张之起点也。凡是人类必须有结会之完全自由权。苟结一会，而于公理不背，于世人无害，则他人固不得用势力以禁止之。

任一社会，任一人民，皆须有此三项自由权，且此三自由权，当绝对而无所限制自由者。依己之则，图己之益，我不侵犯他人，他人亦不得侵犯我也。人既各有身体，各有心理，各有志气，必各有法则焉，以图其身体、心理、志气之发达安宁，固不任受他人之干涉压制也。

以上三项，皆无界限之自由也。自由权之必不可无界限者，曰行为自由。

苟人人有完全之完全自由，而无所防制，同群之人亦不立德制及形制以限之，则其为害于此世也必甚。夫行为自由之不能如思想、择业、结会之自由之无界限，实天下之公言也。其界限惟何？曰：不犯害他人。

思想之自由，固不可压制也。人之思想当尚未发布之先，夫孰得而知之？故徒有思想之自由，无议论及著述之自由，则其思想自由为无效。专制政府之所压制，文明人民之所竞争，皆议论及著述之自由而已。

文明之国家必奖励人民之议论著作，而不加以一毫之压制。人民之议论及著述既勃兴，则其国家之兴也勃焉。专制之政府必压制人民之议论及著作，养成其人民尽有卑屈奴隶之资格，噤口结舌，不敢议论，垂首丧气，不敢著作。是不待敌国异种之来侵袭，而其国为已亡，其国人为已死矣。

弥勒约翰曰：一人之论，固若渺乎小哉，然无谓其小也。天下最大之势力，莫如舆论，然舆论固可以一人之力唤起之。人各有志，持论各不同。阻抑一人之论，其害似仅在一人，然其害实广及与众人，不可不察也。盖人间之事业，全由议论而来。苟其国之政府，禁制一人之论，其效常至人皆莫敢发言。如是，则其国之事业不兴，政俗守旧，日趋败坏，是致弱之道也。任何一人之言论，皆不可禁制。使其人之言而果是耶，是阻遏天下之公理，不欲世人之矫时正俗也。使其人之言而果非耶，则非者亦未尝不与世有益。盖世间之真理，每因有伪误者反映而后益明。谬误者，产出真理之母也。

弥勒约翰立二说以证压制舆论之谬：

一、人不能决定一种议论确为谬误而压制之。

二、人虽决定一种议论确为谬误，而压制之举，即是大恶。

弥勒约翰曰：文明发达之国中，无所谓异端者。攻异端者，最愚之事也。夫与己不同之道，辄诬之为异端，是诚思想学术家之大污也，是黑暗世界之暗影也。真理自真理，岂因人之诬为异端，遂有所加损耶？信理既笃之士，虽加以缧纽桎梏，而彼之信理自若。彼以为杀身者，固理学家所应纳之价值，独立晏然，无所于惧。其思想、其利欲，皆迥然出乎寻常之外，勇猛精进，泰然自足。其心力强大，游行自如，怀抱极高，固非寻常人世之刑罚所能禁止也。是之谓真爱自由者。呜呼！民贼独夫不知此故，用严刑峻罚，以禁新学、杀新士者，亦可以不必矣。

禁止异端之事，于国人心才之发达大有所妨碍，是能使人畏怖而失其理性。盖异端之禁既严，则国人无强壮独立之思想，而其性情易流为柔懦，其智识遂难于发达。苟有新异之思想议论出现于世，不诋之为背宗教，即诬之为戾道德。生于其时之人，虽最富思想力者，亦仅发而为曲艺小技而止，不能蔚然成一大思想家，且亦不知思想家固为世界智识进步之导师，而思想自由者，固人类之天然权也。

弥勒约翰又曰：人群之所以能进步者，必因道术大兴，派别纷歧竞争不已，断非尊一圣、崇一说之所可致也。欲知一人群之福祉何如，视其现存道术派数之多寡可知也。派数多则福祉增，派数少则福祉亡，此一定之例，不可驳也。

近世之大著述家莫不主张宗教之信仰自由者。盖思想自由者，人类决不可无之权也。各有思想，即各有信仰。信仰一事，断不可以强人苟同。然历史累累，宗教之战争常见而不绝者何欤？盖在信教者之意，以为信仰自由之权，苟为人人所共有，则宗教之势力必大减，故不可不严其约束焉。天主教及一神一体教束缚世人之思想尤甚，惟许人信上帝及天国而已。文化既进之世，人性常不乐于服从而受一教之缚束，其激起而欲脱宗教之轭，何足怪也。

宗教之利固多，其弊亦不少。是能缚束人民之道德心，而必使之出于一轨。以一孔之理，束万夫之行，其害之及于社会者不可胜言。反而言之，一宗教之所以能活泼兴盛者，必赖有反对者之驳论，及服从者之辩护，两者合而教理乃明，是非乃见。而不然者，信教之徒，若师若弟，因无仇敌之来攻也，乃莫不高枕安寝，而教理遂微矣。

弥勒约翰曰：人之行为自由固须有界，然而不可误会此意，而立一定之规矩以束缚世人之行为，使出于一辙也。一人当有一人之特别品行。人世之大恶，莫甚于不务发达个人特别之思想，以造出个人特别之品行。个人之价值甚高，勿沉滞于今世界之程度，限于习俗，而不思更有所进也。世俗之论，动曰法古。此最不可通之论也。若是，是教世人空无所为，徒抄袭古人之蓝本而已。世俗之论，动曰勿自作聪明，勿轻下论断。此最不可通之论也。若是，是教人失其生活之方法，弃其适宜之行为，废其特别之性质也。人当有特权，依自已之境地及性质，独断独行，不可有一毫依赖古人之心，以古人之遗言遗行为鉴，而不以为法。人不可以如机器，而当如树。机器者，死物也，依一成之式而不能自变。人则不然。人也者，断断不可依一成之式，以作一定之工者也。人之精神，当似一树。春日既阳，生长发达，自由无碍，如其内力之所向，其生机活泼而不滞也。

人之既无自由思想者，则亦必无自由之议论及著述，日怀畏惧之心。其关系于他人之事无论矣，即关系于彼自已者，亦茫然不问其事之合于已身之气质与否，又不思何者可以致已于发达兴盛之域，以得最高最良之地位，驯致自己茫无目的，而惟风俗习惯之是从。夫人而茫无目的，徒贸贸然一从夫风俗及习惯，则其心性之受轭已甚矣。极其弊必至于一切日用当行之事，亦不辨何者为乐，何者为辱。问之，则曰：吾从众而已。是其罪莫大焉。因是必丧其天然之才能。才能既萎死，乃至无嗜欲，无欢乐，甚至其家室财产之为何如，彼亦无意问之，遑言国家，遑言社会。呜呼！其何使我人类丧失其天性，至于此极也。

所谓个人之发达者，谓人人皆知自尊贵，而各有与他人争美之心是也。一群之人，莫不有争美之心，则其群之发达也必极速。人群发达之原，在其个人各有目的，而各求达之，不为他人之力之所阻碍，彼此争为发达而不相防。一社会之能发达者，必其社会中之各分子大略各有相等之发达，其个人彼此相对待以正义，而不以私曲。个人之感情及能力既优，其对待他人，未有不善者。反此言之，苟一社会中之个人，彼此皆牵制拘束，不知自重，则其现象必愁惨，而发达必终无可望。盖个人之性质既不活泼，而尽已丧失其天性，犹欲其社会之发达，何可得也？诚欲一社会之发达也，则当许各异之人，显其各异之品行，图其各异之生涯。不观乎历代已往之陈迹乎？专制政体者，乃败坏个人品行性质之大毒品也。屈万人之心，以从一人之欲，故专制政体下之人民断无能自发达之理。而信教最笃之人民亦决不能发达，因彼既笃信上帝之教条，其人群之本性必已失坏，其被祸盖与服从于专制君主之下者同也。

不观于东亚诸国乎？东亚诸国不知思想自由为何物，而每以风俗规矩为最后之断案。其所谓正义、所理公理者，皆风俗也。风俗之势力极大，无一人敢抗之，惟其国中之暴君有制造风俗之权。夫东亚诸国非世界文明起源之域乎？其美术文艺，高宫宏寺，巍巍乎垂世间而不朽。而既为西方诸国文明之先导矣，惟因溺于风俗之故，遂与自由进步相分离，其文明戛然中止。吾欧洲所以有今日之文明者，因吾欧之国民受风俗规矩之害，不若东亚诸国之甚，故能变也。吾欧洲自罗马倾覆以后诸国继兴，势力相竞，有于一岁之中，再三变迁，而弃其前人之式俗者，变迁不已，以求进于美善。欧人知惟变迁，乃能进化，故能创造机器，发明新理。若政治、教育、道德之属，莫不务为改良。彼国既改，则此国亦相随而改，故其影响最大而速。吾欧人诚世界上最能进步之人种，非虚语也。变异者，天则也。此分既变而良，彼分效之而皆良焉。此进化之公例也。

弥勒约翰曰：社会之组织，虽不实本于契约，然存在于社会中之人，莫不各有其义务焉。人莫不受社会之保护，则莫不当有以报其恩。报恩之道奈何？即个人在社会中生活行为，皆守其界线，而不侵害同居此社会之人是也。

反而言之，社会之执主权者，有保护个人之义务。苟不尽其义务，则与侵害他人之罪同。

社会固有保护个人之义务，至社会之权，则不可过大。苟社会之权过大，而干涉人民之一切私行，则必至人民之一举一动，皆无势力，其强烈独立之性质必渐失去。盖人民合理之行，己所以为是者，而社会托于免害他人之名以干涉之，是他人未受害而我已先受其害矣。是之谓越权行霸，是之谓专制。因是之故，人民因自求免祸也，可以兴革命，以脱其轭而不为背理。

弥勒约翰立二格言，以明社会对于个人之权限：

第一，苟个人之行为，只关系彼此一身之利益，而不涉及他人，则社会不必理之。若社会因个人之行为不合，而劝戒教诲之，其心本于为个人图利益，则无不可。

第二，因个人之行为侵犯他人之利益，则社会不能置诸不理，必使之受社会法律之罚焉。因社会者，有保护个人之天权者也。

侵害他人利益之行为，社会有权以干涉之，固也。然亦有辨焉。常有个人按正理以行，而亦不免遗害于他人者。如商贾争利，捷足者先得，其不得者苦矣；学生考试，能者高级，其不能者苦矣。虽社会之制度甚善，亦万不能免其有此等事。盖凡二人争得一物，有得之者，则有失之者。凡此之类，社会皆不能援侵害他人利益之例，以干涉之也。以法律言，以道德言，皆无可干涉之理。所当干涉者，即其侵害他人之利益，而不以其正，如欺诈、横逆、强恶之类皆是也。

弥勒约翰曰：人则充世皆是，而英雄不世出。英雄固常居人类之少数乎？诚欲英雄之产于其国也，则不可不预备生产英雄之地。英雄者，惟呼吸自由之空气者也，故常产于有自由空气之国。英雄常显其个人之天才以自适，而不为社会有之模范所限。每一社会皆有一模范，以限制其社会中之个人，而铸成其性质。天才稍弱之人，无不入其社会固有之模范中，其天才遂日趋于低下。英雄不然。英雄之性情最强，常能破除桎梏，毅然以已身为此社会之大表记。此大表记者，固前此社会之所未有，故当此大表记初出世之日，一世皆惊，常有毁之为荒野谬误者。呜呼，是犹尼加拉Niagara大河，经荷兰之曲岸，以赴大西洋，澎湃震荡，欲其安流无声，固不可得也。

弥勒约翰曰：自由之理，止可为成人言，不足为童子道。盖童子之年既幼稚，方须他人之注意保护，防其己身之行为如防外害焉。以同理论之，凡一国之方在幼稚之年者，必不能无所发起扶助，而能自然进化也。故自由之理，亦非为野蛮而设，必俟人类进化，有普通明达之智识，而后乃有自由可言也。

二、女权说（附社会党人《女权宣言书》）

欧洲所以有今日之文明者，皆自二大革命来也。二大革命者何？曰：君民间之革命。曰：男女间之革命。

欧洲君民间革命之原动力，则卢骚之《民约论》Contrat Social是也。欧洲男女间革命之原动力，则弥勒约翰之《女人压制论》The Subjection of Women是也。

弥勒约翰之《女人压制论》，不满二百页之区区一小册子耳。然自其书出世后，各国争译（法文译之名L'assujettissement des femmes），人心大变，煽其流潮者随在而是也。文人掉弄笔墨之力，顾如是其巨哉。

《女人压制论》一书力主男女同权之说，然全书之要理，大略有五：

其一曰：女人之权，与小儿之权不同。女人有为其国之政府所善治之权，小儿亦有为其国之政府所善治之权，此固同也。然小儿徒有为其国之政府所善治之权而已，无监督政府之权焉，无组织政府之权焉。女人则不如是。盖小儿之人能Personal capacity

未全，故人权亦不全。女人固不尔。

其二曰：公私权不同之制度，不可不改良也。女人之私权，虽若为其夫之一守护兵然，而犹有管理其财产之权焉，则男女二类犹同等也。至于公权则不然。收女人之赋税，而不许其置喙于公务，不平莫甚焉。女人之能力与男人等，其权必不可不相等。

其三曰：事之最可奇者，即今世之国民不许女人有政治权，而偏许一女人据其国之王位是也。自罗马赫刘加把鲁司Heliogabalus许其母入议院为议员，为罗马女人有政权之始。条顿种人之王位，常限以男人得之。而英国不然。龙把得Lombards尤常以女支所出之子孙续其王位。近数百以来，女人之据王位者甚众。若英伦、若澳大利亚、若俄罗斯、若西班牙、若葡萄牙诸国，虽其政府之造法各不同，而既莫不有女人据其王位矣。女人可为其国之王，而独不许掌其国中之高等职务，岂不异乎？

其四曰：在家庭间之女人，常有与其父或夫得同等之权者。以此推之，其夫可被选，其妻亦可被选，其父可被选，其女亦可被选。家庭者，国之脊骨也。在家庭间如是，在一国中亦何独不是？！

其五曰：女人之有政治权也，乃终必不可免之事也。虽今日之女人绝无公权，而惟服受其父、夫之压制，一旦公理大明，女学大兴，世人皆脱出古昔之习俗，洗净野蛮人之污染，女人遂能与国相直接而有国民之责任焉。此必至之势也。

弥勒约翰之男女平等权说大略如此。虽然，弥勒氏不但能言而已，而在议院为议绅也，力争男女平等之案，欲遂以见诸实行。弥勒氏诚女权革命之伟人哉。

弥勒氏之女权论既风靡全欧，反对者皆矫舌不能置之一辩。德人伯伦知理Bluntschli著《国家论》The Theory of the State。其第四篇之第二十节曰女人之地位The position of women，曾著论驳之。而其论无力已甚（今不详），固不能与弥勒氏为劲敌也。

弥勒氏之同论，有若法兰西之拉累尔Laboulaye，有若德意志之卑卑尔Bebel，有若瑞士之查尔腿克累通Charles Secretan及当世诸法律著述家、新闻杂志发行家，皆推波助流，以扬男女同权之大风潮也。

近年以来，社会主义日益光明。社会党之势力，日益盛大。社会主义者以男女同权为其主义之一大原理，而社会党人者，即实行男女同权论之人也。

一千八百九十一年，社会党开谈话会于比利时京城布吕碎勒Bruxelles以同意宣其会议之大纲如下：

“今日此会，请通世界之社会主义党人，定男女同等之细目。凡我会员，皆公认女人与男人有同等之人民权及政治权，尽力以废除世界各国所有不与女人以同等权力之法律。”

一千八百九十一年十月，社会党之分部德意志党聚于尔府特Erfurt。其最初宣言之一条曰：

“凡我民党党人，无男女之分。党员之数，男子与女子，亦不须有一定之比例。”

更有一条曰：

“废除屈女人以男人之一切法律，尽力以保女人之公权私权。”

女人之必当与男人同权，何也？既为一人，则必有其人之权焉，为世人所公认，为法律所保护。不如是者，不能名之为人。夫人之有一切特权及一切义务也，原于有生，根于人类本然之道德。盖人之所以自别于其他之下等畜类，惟在于是。盖以独立不羁、有完全个人权之女人，屈为奴隶，必致缺损其天职，闭塞其能力，废堕其工事，此人所易知也。

社会党人所主张之女权问题，大约有五：

第一，教育权Pedagogique。凡人类一切事业，皆不能不原于教育。男人固然，女人何独不然？文明之女人所以别异于野蛮之女人，而能有其他之诸等权者，首在于此。

第二，经济权Economique。女人者，人类也。人类者，有能力以自养，而决不当待养于夫父之属者也，则女人当各营其生活职业焉。女人之工规工价，当与男人之工规工价相同，而不容有所差异。

第三，政治权Les droits politiques。女人无政治权，而一切委诸男人，此野蛮之俗，非文明之则也。故欧美各国，女学日进。其要求于国家，请讨于议院，欲一律得政治权，与男人无所歧异者，今方未已也。

第四，婚姻权Marriage。专制婚姻，不由男女自由选合之婚姻也。此为世界极野蛮之俗，稍进文明之国民，断不如是。

第五，人民权Les droits civils。人民之权甚繁，凡国中人民所应得之公权，男人所已得者，女人当同等得之，而无所歧异。

凡一国而为专制之国也，其国中之一家亦必专制焉。凡一国之人民而为君主之奴仆也，其国中之女人亦必当为男人之奴仆焉。二者常若影之随形，不相离也。人民为君主之奴仆，女人为男人之奴仆，则其国为无人。无人之国，不国也。苟欲国之，必自革命始，必自革命以致其国中之人，若男人、若女人，皆有同等之公权始。

三、哲学

弥勒诚十九世纪之大政论家也。彼所著《自由原理》On Liberty之价值，与卢骚所著之《民约论》等。卢骚谓：国民之学绝对。弥勒谓：个人之独立不可限制。弥勒诚十九世纪之大经济家也。向之论经济学者，谓人所以为生产。弥勒反之，谓生产所以为人。虽然，弥勒固不仅为大政论家、大经济家而已，彼实十九世纪之一大哲学家也。因弥勒约翰为独辟蹊径之大论理学家故。

弥勒之《论理学》，空诸倚傍而独标新义。盖弥勒之论理学，重事实，尚证据，故与黑智儿之论理学异。彼夙习近世之新科学，故与波特雷尔Porte-royal派之论理学异。虽然，弥勒之学，亦非绝无渊源也。洛克Locke、康德Comte、谦谟Hume、奈端Newton四先生之学说，皆弥勒之所深爱。融汇诸家之名理，以立一己之新法，积多数之实验，以定一种之原理，故弥勒之学说，常能辟人脑之新境界，而其所著《论理学》System of Logic者，诚哲学界中不可磨灭之大纪念碑也。今撮其大旨，分为试验、想象二说如下。

四、试验说

论理学者，科学也。若星地、日热、吸力、化学、爱力、矿物种类、地质变迁、草木、禽兽、人事一切理论，莫不赖论理学推解而包括之。盖各种科学皆须以论理学分析之，查其元素之微，明其聚积之故，究其连合之因，考其组织之序。故论理学者，实凡百科学之科学也。

人之所以能知物者，因其有体Body与人心Mind也。如人知书案之色紫、其形长、其足三，是赖眼之审断而知者，故人必有眼之感觉。如人知书案之重为十磅，其所以为十磅者，因其大于九磅，小于十一磅，而适为十磅也。是赖筋之审断而知者，故人必有筋之感觉。如人知书案之质坚硬，亦惟赖有筋之感觉之故。人固不知物也，因物自呈其现象于人，人于是始知物，人亦非因有物之现象而遂知物也，因有己身感觉之激动而知后物。物固多有出乎人类感觉之外者，既无感觉，则亦无物。哲学家巴克累Berkeley之言曰：物也者，人类意想之所创造也，故人无感觉，则无宇宙；人无审断，则无科学。

弥勒曰：体感心而使之有思，心受体之感而思，思之才常在而不常显，必赖有知觉线Thread of consciousness以唤醒之。

心为内，物为外，人之所以能知物者，固将赖心，然人之所以能知心者，亦必赖物。如吾所以知吾心之为欢乐者，因有可欢乐之物来感触我故也。故复杂之物质来感，遂成复杂之知觉线；规则之物质来感，遂成规则之知觉线。

非因物之有性，则人亦不能知物。吾所以知雪为白者，因雪之白触于吾目，而使吾有白色之感觉也。吾所以知火为热者，因吾近火而触其热，而使吾有热性之感觉也。吾所以知一物体为重，为可分、可动者，因遗之则彼必坠，割之则彼分离，摇之则彼此移也。当若是之境，则彼必能引起吾之眼与筋以起若是之感觉。

弥勒曰：以可敬之人为例，彼其可敬之故，亦惟于现象上见之而已。其存心也，其行事也，皆莫非现象也。存心为内界意想之属，行事为外界形迹之属，然吾既以若人之可敬而敬之，则已无存心行事二者之差别，而两现象已联合为矣。

人心其犹热度表乎。欲断定天然之物性如何，必以吾心之感触如何为断。欲定水性之沸度如何，必以热度表之变迁如何为断，故知识元素无他，曰现象而已。科学之效果无他，曰定一切事实与事实之关系而已。

弥勒以为无论知识之形成与程度如何，皆可以一言蔽之曰："莫非事实之知识及其关系而已。"

All forms and all degrees of knowledge，he recognized only the knowledge of fact，and of their relations.

论理学非他，即界说Definition及证据Prove之理论是也。自亚里斯多德以来，虽有无数论理学家，费大力以治此学，而其能道及界说及证据之理论者盖寡，其中巨子亦仅含糊约略论之。及至弥勒，乃以绝大之胆、绝大之手，割裂剪裁以推翻之，而重置之于相同位式之下焉。

五、界说

今者言学而斤斤然，惟考定界说之是务．得勿为世人所笑，不知普世界最重要而有益之事莫此若是。界说，如根本人群之一切科学皆此根本之所发生滋长者，定一物界说，即所以表出其物之新天性也。有界说而后知其物为何物，有何原质，因何组织。“哲学家”者，则类次宇宙之事物而使之有秩序条理之人也。

论理学家曰：动物也，植物也，感情也，图象也，皆物类也。凡一物，必有其特性与特质，其性质之现于外界者，似无界限，然莫非其内界性质所生之结果也。主一命题Proposition以定其性质之本然，是谓界说。

人之定食肉，哺乳类动物之天性也。惟因其事实也，彼动物有乳以哺其子；其齿锐利，哺生物而食之。因是之故，故定其名曰：食肉哺乳类之动物。

弥勒曰：界说者，所以解示物之天性也。而谓立一界说，遂能全赅此物之天性，则必不能，不过仅能解示其数小分而已。界说者，名类也，然亦止于名而已，除解示字义之外，无他事也。

如人谓：网乃线与线相连合所成之物。然是不能尽网之全性，网之工作，必有出乎吾侪今日知识及后日经验之外者。

今举三角形之界说为例。

三角形之界说有二：一曰形之界，以三直线者为三角形；其又一曰：以三直线为界之形可以名之曰三角形。第一说之意隐，第二说之意显；第一说为真实，第二说为合宜；第一说为学术之部分，第二说为言语之方法；第一说解三直线可以连合之理，第二说定一名以名其连合之事。

六、证据

证据之理论，人多谓之为无用，而无敢谓之为荒谬者。所谓证据者，依寻常论理学家之说，则三段论法Syllogism是也。三段论法之式如云：

一切人皆不免于死，鲁侯是一人，故鲁侯亦不免于死。

按三段论法共三句。第一句曰大前提Major term，第二句曰小前提Minor term，第三句曰结论Conclusion。

此即证据之式也。一切完全之证据皆类此。证据之例，必先立包括普通全部之命题，而后以之断定特别有限之命题。盖特别有限之命题必已包于普通全部命题之中。故第一命题须总括全旨，而以第二命题举示一例焉。波特雷尔派所谓结论必包于前题之中是也。

如上云云，皆寻常论理学家之说也。弥勒起而尽反对之，以为若如彼等之说，则人类之理论Reasoning为无用矣，人事将止有重复而无进步矣。既断定一切人皆不免于死，则鲁侯亦不免于死，固已不言可知。盖苟举全体为言，则此全体中之各个体皆已包于其中，鲁侯亦个体中之一人也。故结论于我，本绝无所益而无一毫以加于我固有之知识也。人类知物之能初终如一，知识之博，不过推扩其原知而已。人之所以能推扩其原知者，赖有理论也。如余考定鲁侯之不免于死也，彼尚生存，吾何能断其必不免于死乎？是不能直接观察之，非理论，固莫能为功矣，有理论而后可发现事实。理论者，变动不居，而世间一切事实之母也。

由是言之，普通命题General proposition似即特别命题Particular proposition之真实证据，而实非也。吾之谓鲁侯不免于死，实非因一切人之不免于死而谓然也。普通命题不过一记录簿而已，余自记素所经验之效实于此，以便余之记忆焉，不能赖是以更得知识也。故普通命题，除计量特别命题之用以外，无有价值。

质而言之，吾之所以知鲁侯之必不免于死者，则因彼与吾之祖先以及与吾同时之人莫不皆以死为终结者，是即吾所持理论之真实前题也True premisses。吾由是自定结论焉。愚昧之人民，稚弱之小儿，下等之动物，皆不须普通命题而自知日将升，又知水可以溺已，火可以焚已而谨避之。由是观之，彼与吾之理论，皆非由普通以知特别，惟由特别以知特别耳。

弥勒曰：推知之事Inference必由特别以知特别，普通命题惟记录推知之已得者，而引其法式，由简以至繁焉而已。即知三段论法之大前题，乃人所欲叙述中之一法式。而结论者，非由此法式所出之推知，而与此法式相结合之推知也。论理学之真实前题Real logical premisses，即特别事实也Particular fact。聚特别事实以为普通事实，此归纳法Induction之所以有功欤（归纳法，严又陵译之为内籀）。

弥勒又曰：如吾人有非常记忆力，可以尽记一切经验之事实，则可以无须普通命题，而亦自可以推扩吾之理论。

中世纪之人，误会“名”为物体之天性，又误公意志之变换，为心思之进步。此理论学秩序之必须改正者也。

唯心派之说曰：证据之始曰公理Axiom。公理者，一切证据之所从出也。二直线不能成一平面；甲乙各与丙等，则甲乙必各等；以等数加等数，其和必等；是谓一定之公理。而论理学家谓之曰：教授命题Instructive proposition，因是非解字句之意味，而解事物之关系者也。亦谓之丰饶命题Fertile proposition，因是乃算学、代数、几何之一切原理所从出也。反而言之，则此等公理者，皆非试验之工夫也。是皆不待深考而自知者，是之谓公理。公理者，不可驳。二直线段不能成一平面，成平面之二线，必非直者。公理者，自然之理，人心之所同会，不待试验，自然可知。而彼亦固自居于经验之外，其范围至广，其理普遍无所不在也。

唯心派之言如是，弥勒驳之，以为是皆不明理论之言也。试验者，人类所由知物之不二法门也。既无实验，即无公理。世固无不待试验而知之公理也。如二直线不能相合成一平面，此公理者，不待眼观而自心悟。斯之谓心之试验，非不待试验也。是其由移位得之试验Displaced Experiment固已多矣。事实固多有伏于意想中者，意想之线与真实之线，同以心中之试验代纸上之实验，无不可者，因是皆可以引起同样之感情也。眼适见物，乍合其眼，其物仍在，是之谓眼之实验，与心之试验同等。以心代眼，犹之以千里镜代眼也。以千里镜所见之象，犹之以心所会见之象也。彼主张公理不待试验之说者，不其误乎？

弥勒于是言曰："归纳法"Induction者，启示天象之唯一键钥也。发明归纳法一事，弥勒之有功于论理学诚不细，演绎法以一本赅万殊，归纳法则由万殊以求一本，而必以试验为必要基址焉（试验，日本译经验，英文为Experience）。

归纳法何谓也？弥勒曰："归纳法者，练习心才而以推知为用。吾既真知几种特别之事，则一切事之与此几种事相似者，皆可类推而真知之。同类之物，其数个体如此，则其全个体必亦如此。同样之理，此一时如此，则任何时亦必如此。举一反三，闻一知十，此归纳法之用也。"

石可坠，炭可焚，人可死，此人人所知之事实也。而问以知此等事实之原因为何，则鲜能答者。此莫非由经验也，而考出此等确定事实之法，即所谓归纳法也。积试验以为试验，积归纳以为归纳，则可以穷造化之神秘，探天人之奥蕴，于宇宙既往来之事，豁然贯通，毫无所疑矣。

试验之用，无一时一处可以止息也。触类旁通，积智无疆。二事继续常相连合，而第一事常为第二事之原因焉。

原因为归纳法中必要之理论，而必赖试验以得之。既知原因，则其结果虽千变万化，互相殊异，无不可识也。

弥勒曰：心志能造起身体之行动，犹寒之冻冰，火之爆裂，火药也。心动为前因，身动为后果，二者相离，惟试验能合之，而使人先见于未然，前因后果，共同一致焉。宇宙之现象，皆可以二名赅括之，曰因果而已。

（原载于《新民丛报》第29、30、35号）

社会党巨子加菩提之《意加尼亚旅行》

十九世纪欧罗巴之大竞争，为君主与人民之竞争，即政治之革命是也。二十世纪欧罗巴之大竞争，将为资本家与劳动者之竞争，即社会之革命是也。

社会之所以当革命何也？以一机器喻之，苟此机器之运动不灵不适于用，是必其体件已坏之故，而犹谓此机器当一仍其旧，不须修理，不可得也。以同理论之，苟一社会之福祚不均，灾祸屡见，是必其组织不善之故，而犹谓此社会当一仍其旧，不须改造，不可得也，此社会主义所以大盛于十九世纪之下半期也。

社会主义者，改造社会之新模范也。社会党人者，改造社会之新匠人也。社会党人之学说，最新奇而最易移动人之神经者，莫如德麻司摩儿之《华严界》（见《译书汇编》第二年第十二期）及加菩提Cabet之《意加尼亚旅行》Voyage to Icaria。

及加加菩提曰：纵览古今万国之历史，其现象为何？如我思之，我重思之，是亦惟无序、恶德、罪过、战争、革命、屠戮、戕杀、灾侵、祸害诸凶德而已。呜呼！岂社会天然之结果，固当如是乎？我思之，我重思之，是社会组织之不良也！是社会根基之不平等也！欲救其弊，非改革现社会之组织，而变其不平等以为平等焉不可。

加菩提又曰：立言者众矣。教主之所倡，使徒之所传，古教会之所煽，凡百家之所宗，其说虽甚长乎，而皆可一言蔽之，曰：图人群共同之乐利而已。

呜呼！既往之社会，沈沈阴霾，既如彼矣。浅识之士，遂多谓人间必终无完全平等的社会出现之一日，所谓完全平等的社会者，终属哲人之美丽梦想中之一境而已。加菩提曰：是不然。乃著《意加尼亚旅行》一书以辩证之。

加菩提，法兰西之一大思想家也。生于一千八百一十五年，卒于一千八百七十六年，当加氏壮时，拿破仑第一既败，路易腓立白为法国王。加氏以倡共和主义之故，不见容于法国，遂以国事犯之资格，被放逐而居英伦。以悲天悯人心，处去国离乡之境，怀才抱志，而不得展。加氏之抑郁悲怆可知也。

既而加氏读德麻司摩儿之《华严界》，翻然有悟，遂一变其向日所主持之共和主义为社会主义。以为共和主义者，不过进于社会主义之初级耳。其言曰：苟宗教家及哲学家所共主张之学理不谬，而图人群共同之乐利一语不可驳，则予之《意加尼亚旅行》一书，终将为世界人民之好模范，无可疑也。巴伯夫Babeuf（法兰西之社会党，生一千七百六十四年，至一千七百九十一年被杀死）以为非用破坏手段不能行社会主义，予不谓然。社会主义者，固亦可以辩论劝喻之法传播之。

由是之故，故加氏以小说体著《意加尼亚旅行》一书，以鲜丽之彩色，绘出普通平等社会之实景。

《意加尼亚旅行》全书之主人翁，即英人卡里司达尔

Carisdall。盖加菩提之著此书也，托名为卡里司达尔之游记。是游记共三段：第一段为意加尼亚国土及人民之详细情状；第二段为意加尼亚之历史；第三段为意加尼亚公众乐利建立之原理。

意加尼亚者，最丰沃之一乐园也。国之西南，有大山如带绕之。西为海，东为大河。意加尼亚国，分建一百省，地境之长阔，民数之多寡，皆略相同。每一省分为六团，每一团分为六乡，农舍鳞次，秩然有序。每一省有一中心聚点之广市，市有街衢，广阔而径直，光艳而奇丽，无愁惨之象、僻怪之色如吾侪集居之邑。沛然无嚣杂之音、喧暴之声如吾侪通商之港埠然。形形色色，凡与人耳目相触接者，无所不宜，艳丽四围，能使人欢。文学之艺，百工之技，莫不毕集。宫室之建筑，尽极优美，公众纪念之碑塔，多至不可胜数。卡里司达尔曰：美哉，观乎街衢之丽，宫室之美，山水之佳，公众建筑及国民碑塔之丰华，公园之雅适，予游乎其中，魂为之夺，目为之眩，心为之醉。其海岸之侧，有邑名泰拉麻Tyrama者，尤为奇丽中之最奇丽。视止矣，回忆故国，不禁羞愧而汗流浃背也。

意加尼亚之工场及农舍，莫不雅洁华丽，过于欧洲各大国之王宫，秩序井然，力作者以欢乐而非以勉强也。卡里司达尔曰：意加尼亚全国之中，几无一寸之旷土，原隰芸芸，皆以青绿之谷麦覆之。葡萄蔓延，园亭翩翩，名花满之，小林夹径，村市如画。丰草之场，满以牛羊；山谷之间，满以农夫。道路修平，不紊秩序；绿树夹道，果实离离。虽极静僻之乡村，莫不有极雅洁之街衢，极宏敞之花园焉。

意加尼亚无不力作之人，无不殷勤欢喜于力作之人。或问曰：然则亦有惰人乎。曰：一国之内，恶俗而既成也，则改革之心必雄；善俗而既成也，则改革之心亦必甚雄。意加尼亚之俗，凡一人民，皆须力作，其视不力作者，卑贱鄙劣，与吾曹之视盗贼无异。故语意加尼亚人以英法诸国多盗贼惰人之事，意加尼亚人必惊疑而不肯信也。意加尼亚之人民必较之世界之一切人民为最高尚，无可疑也；意加尼亚之国土，必较之世界之一切国土为最高尚，无可疑也。

意加尼亚之教规，极简单而不拘于分派，兼包而并容。其政府为公共所组织，其官吏由公众所选举。凡改变政府黜革官吏之事，一惟人民之意是从焉。

意加尼亚之国中，无产业、无货币，乃至无买卖，一切平等。其力作也，为公共之故；甚取食也，自公共之所。国中一切工场，皆其国人之公产也。其国人皆有自然人之幸福，公共享之，以为是乃作公工者所应得之报酬也。

意加尼亚之人民，莫不各备夫公德及私德，故无嫉妒心，无怨恨心，无冲激心，无扰乱心，无争斗心，无劫盗心，无杀戮心。不宁惟是，且并不知此等名词，是何意味焉。政府之官吏，莫不默守夫天职，而不敢稍放弃；顺从夫民意，而不敢稍违背。刑罚审判诸事，乃意加尼亚古昔历史上之事，而今日已绝迹矣。意加尼亚人之作工也，如己之所能，而量择一业，快活欢喜，而无烦恼。凡其国人，莫不整秩序，敦亲爱，崇德行，享福利，风俗都雅，性情敦重，智识高尚。

加菩提之作此书也，乃务与法兰西之现社会相反异，而企图其能速改良也。当此之时，鲁易非立白为法国之王，法国之内，无论上等社会、中等社会、下等社会，莫不污下残虐，极不平等。政府之与平民，相去悬绝。富者自私自利，而遗贫者以不可受之苦难，相忌嫉怨恨而不相亲爱也。

《意加尼亚旅行》一书既出世，大为世人之所欢迎。平民之困于饥贫久矣，忽闻有一新社会焉，人人平等，资本家与劳动者，权力齐同，无所主奴，岂不喜乎？故《意加尼亚旅行》既出版后，虽至苦贱之工人，亦莫不合微资以买其书而读之。夫意加尼亚之社会，乃幻想之世界，乃未来之世界，其谁不知，而人既饱尝现社会之苦恶，举动荆棘，视听局促，而试一魂游新社会之光景，觉乐园固不在天上而在人间，亦慰情聊胜无也。

虽然，加菩提者不惟能言之人，而实亦能行之人也。加菩提既失败于本国，则与其亲信友人，去之亚美利加，欲实造出其理想中之世界于兹土。斯时也，加菩提之心虽幼，而身则颓然衰矣。老骥伏枥，志在千里，烈士旧年，壮心不已。加菩提之慷慨悲愤为何如！

加菩提之既至亚美利加也，无权势、无勇力，徒凭其至大之忍耐心，乃至坚卓之不自私利心，逢人而说之。虽被感化者不乏其人，而卒无赫赫之成功。虽然，加菩提之理想新社会，虽未出世，其悲悯天人普度众生之苦心，亦已至矣！

亦有读《意加尼亚旅行》，而遂真信世界上真有此国土者，多驾舟出国以寻之。烟水茫茫，岛屿星星，莫非蛮族之所居，禽兽之所宅，草屋数椽，老树迷径，而求所谓意加尼亚者，渺然不知其在于何处。

加菩提曰：予之区区苦心，既不为国人所谅，而飘然出国，放流转徙。虽然，使予而一日存在世间也，则予所怀抢救疗人道罪恶之苦心，终无一日而可忘。日后一日，愈确信人种未来之幸福无穷，而今人莫不有开拓未来文明之责任，□可放弃也。

加菩提之筹画既不就，以其渺渺之一身，与社会之等等逆境相搦战，既终不胜，以千八百五十六年颓然失望，退居眉寿里Missouri，遂死于此。

呜呼！加菩提一生高尚之行为，及悲惨之命运，必足当后世人之崇拜痛惜，无可疑也。

加菩提者，实平和之社会革命家也。彼以为苟欲实行社会之主义，以强力不如以劝谕，故终加氏之一身，未尝兴强暴之破坏举动。呜呼！世人患无一定之目的耳，既有一定之目的，而达此目的之手段，或以激烈，或以平和，其道固不必相同也。加菩提以为今社会不平等之种种现象，皆古昔野蛮时代之遗风也。野蛮时代无所谓公理者，强力即公理也。故其人之最有强力者，常能得最大之幸福，而尽免夫力作之劳。于是，喀私德Caste之制兴。有握特权而治人者，有为奴隶而治于人者，以至于今，虽极文明之国，亦不免有不平等之制度焉。强凌弱，众暴寡，不尊公理，惟风俗之是尊。呜呼！是岂非今世社会之大黑影乎？

请言天理，请言人道：夫人群之同居于此世界者，固莫非同胞之兄弟也。故人人平等，各有其义务，各有其天职，遂各当享受物质之幸福，而得其利用。惟因政治及社会之不平等也，遂以少数之人，压制多数之人。多数之人，勤劳力作；而少数之人，安然坐而享其成功，豪纵放恣，无所不至，是岂得谓之为天理乎？卒之富者之恶果，为自私、为顽野、为贪污、为无厌。而贫者之恶果，为忌嫉、为恨恶、为怨妒，是岂得谓之为人道乎？诚欲免此恶果也，则惟有一法曰：革除保守私产之制，而建立财产公有之制而已，是不能不望诸教育家及立法者，心知社会主义之善，而发大心以徐图建植之。除遗产授受之制，使劳动者不独肩力作之重任，而社会中之产业及工作皆公同分配焉。加菩提之目的如是，而以为是断非忽然一度之破坏所可致，而必俟人民莫不了然共明其理，而后可也。故加氏常以为社会主义者，乃人群将来自然必至之结果，虽社会之变迁如何迟速难决，而必有公产公工之一日焉，此则理势所必至也。

加菩提曰：社会党人而诚欲改革社会也，则不可不先改革自己。自相和亲敦睦，而示世人以绝好之模范，使反对者自然心服，恍然知社会主义之于世人，固无所不利，而为保固公共幸福必要具也，则孰有不欢迎社会主义者乎？

加菩提以为五十年后，社会主义必盛行于世，人人图公共之利益，而个人主义者，将为世人之所永弃而不复道。生产供给，莫非公利；服从公律，无歧异者。群之幼稚，受公教育，如其所学，而授以事。勤事尽职者，受公敬仰。及年而息，复将其产业，交于品东Pantheon。品东者，意加尼亚之西教师，而司理产业授受之职者是也。

加菩提之言，其终不可行乎？不平等者，天然之例也。世间一切万物无平等者，心才不等，地位不等，以至一切皆不等，故盈宇宙间皆不平等之现象也。应之曰：不平等者，天行也；平其不平，乃人治也。人世之患，莫大于任天为治。任天为治之弊，止于助桀而为虐。是非赖有能自治自克而抱慈悲心之大仁者，力投天行之险恶，毅然以其身为一世之大防，务矫任天为治之弊，而平其不平焉，则人道或几乎息矣。

按列子之华胥国，陶渊明之桃花源，皆与此等学说最相近。然泰西人既立一言，则必求其能实行于世。前死后继，故能建立社会主义，而握今世莫大之权力。列陶之徒，放言自恣，而无实行其主义之心，故世人亦止以游戏文章读之而已。此则诚可叹也！

（原载于《政法学报》癸卯年第一期）

圣西门（一作西士门）之生活及其学说

（佛礼儿之学说附）

自古立大功名之英雄，倡新学派之哲士，莫不有二种特别之气质，以为其一生成功之内鞭策焉。曰大希望，曰大野心。大野心者Eager ambition，即无界限之大希望也。哥仑布之寻出亚美利加洲也，李西蒲之凿通苏伊士河也，皆可谓之为有大希望，而不可谓之为有大野心。盖希望有可慰之日，而野心则终无可慰之年。有大野心之人，当既寻出一美洲之后，必思更寻出无量数之美洲；既凿通一苏伊士河之后，必思更凿通无量数之苏伊士河。有大野心之人，常忧夫老之将至，身之将死。故秦始皇求神仙，汉武帝礼方士，路易十四求不死药。有大野心之人常叹岁月之赋闲，事业之不成。故刘备抚髀肉而流涕，桓温击唾壶而悲歌。有大野心之人，其大愿终不能偿，其中心终不免于忧戚。故亚利山大望安基斯河而痛哭，拿破仑幽圣厄勒那而愤死。有大野心之人，其思想或出乎此世界，而别有一世界。故佛氏于此身外，别有法身；耶氏于此世外，别有天国。屈原之词曰："老冉冉其将至兮，恐修名之不立；长太息以掩涕兮，哀民生之多艰！"刘琨之诗曰："功业未及见，夕阳忽西流，时哉不我与，去乎若云浮。”呜呼！富于野心之人，其为此世界上最多苦恼之人乎？其心戚戚，其容促促，其愿望终无满足之日也。反而言之，人而最富于野心也，其人必为世界上最雄伟奇特之人。国民而最富于野心也，其国必为世界上最雄伟奇特之国。孔子曰：君子思不出其位。老子曰：知足不辱，知止不殆。其言皆为萎死国民大野心之毒药，我国民之不能发达进步，其根原皆是在是矣！故中国之平民有良箴曰：安分守己。中国之官吏有良箴曰：持盈保泰。是皆非发达进步国民之口吻也。今世界最富于野心之国民，莫若法兰西。请言法兰西人圣西门之事。

圣西门自幼时已有莫大之野心。彼常使其仆人，于每晨呼己名而警之曰：“孔德（即圣西门之名），而忘而今生所当事之大事乎？”夫圣西门之所谓大事者，乃野心上之事，而非希望上之事也。希望上之事，常可指名。吴夫差日使人呼己名而警之曰：夫差，而忘越人之杀而父乎？此其志在报越仇而已，乃希望上之事也。至野心上之事，则必不可得指而名之。

圣西门之一生，常雄心勃勃，欲使己之声名如雷之轰，己之光烈如火之粲。初欲于太平洋大西洋之中间，凿开海峡，使两大洋通流。后又欲由西班牙京城马德里掘水道以通于海，皆不成。

圣西门者，即始倡法兰西社会主义之第一人也。名孔德显理Comte Henri de Saint Simon。一千七百六十年，生于法京巴黎。圣西门之家，故为法国之有名公爵，列于贵族。圣西门幼受亚龙卑尔Alember之教育。亚龙卑尔者，法国有名之哲学及算学家，而修纂法国《百科全书》之一人也。圣西门年十九时，曾以志愿兵注册适亚美利加，助美国人之革命，敌不列颠。

圣西门之生活，实人间最辛苦不幸之生活也。圣氏既结不乐之婚姻，比一年即离异。四壁萧然，极贫家之遭遇，乞作四十镑一年之苦工而终不可得，赖旧仆以为养。一千八百二十三年，万事失望，至欲自杀。呜呼！思想高尚之哲人，常觉现社会之秽恶不良，孑然一身，既无势力以改革之，而又不欲同流合污，忍与终古。屈原曰：安能以身之察察，受物汶汶乎？安能以皓皓之白，而蒙世俗之尘埃乎？圣西门之境遇亦可悲矣！

圣西门之著论甚多。一千八百三年，著《日内瓦居民之手简》Lettres d'un Habitant de Geneve。著是书之年甚早，徒关及科学及政治而已。至一千八百十九年，始表其社会主义之意见，著《组织论》L'oganisateur。一千八百二十一年，著《工制》Dusysteme industrial。一千八百二十三年，著《工义》Batechisme de industriels。至一千八百二十五年，著《新基督教》Nouveau Christianisme，此为圣西门一生最晚出之著作，亦其一生最重要之著作也。此书既成，不数月而圣氏死。

谓真理必不可淹没乎？何以吾国墨翟之学说，若彼其美，竟沈沈至今，无复有人一问津也？是虽由历代君主崇儒抑墨乎，亦因儒之后有孟、荀、董、贾之徒。而墨之后求一杰出能发挥师说之人，而寂焉不可得也。大抵首起倡一学派之人，其学说之条理，必不能整齐而其意义必不能明晰。圣西门首倡之社会主义，固极不整齐明晰之主义也，其所以有今日之盛者，惟其门人后学能救正完补之故。

圣西门以为有物产以供人生利用之需而后有社会，社会之归旨在合人群之能力，以开拓地球，此圣氏最精之说也。第圣氏犹以为工人之首领，有管辖工人之权。其主张破除劳动者及资产家之界限，而一般人群共和营业者，乃后起社会党之说，而圣氏初无之。

圣氏之《新基督教》一书，以为人群之进步也，固不能赖夫科学，而亦必不可废去宗教之单纯元质。所谓宗教之单纯元质者，曰“世人相待遇，彼此当亲爱如兄弟”是也。夫社会之人，既相平等，而如兄弟，则社会之中，必不应有贫富悬绝之阶级。盖人人相待遇如兄弟，乃世间良社会组织之要素也。圣氏之徒，常以此数语为其党中之金科玉律不许背犯。

圣西门之从者初甚寥寥，未几信者渐众，此皆圣氏之门人勇于传道之效也。圣氏最得力之弟子曰巴查儿Bazard。一千八百三十年，巴查儿与其同僚翁纷吞Enfentin共创立一学校，以传圣西门之学。后勒鲁Pierre Leroux亦与之合而入其党。工艺学校Ecole Polytechnique之生徒，皆受其学潮之动力而被感化焉。于是圣西门之学，势力顿大。

圣西门最有名之二门人，即巴查儿及翁纷吞是也。然二人之性情各不同；巴查儿之为人也，温厚纯粹；而翁纷吞则务为夸大虚幻，故二人终不能不分离。而巴查儿一派独盛，其门人彼此和亲，衣服与常人有别。出于巴氏之门者，多为经济学者及大技师。有名于时、凿通苏伊士河之李西蒲，即巴氏之门人也。

巴查儿实圣西门下之龙象也。巴氏之讲历史哲学也，以为历史世期，当分两类：一曰批评（或曰消极）类，一曰建筑（或曰有机）类。批评类之历史，为战争、为私利、为混乱。建筑类之历史，为有教化、为相须从、为相和亲。是二类之精神，一为相敌，一为相亲。社会之成立也，要不能外此二原理。虽然，相亲者，人道也，相亲之精神日盛，则相敌之精神日衰。相亲之精神，始于家族，渐广而及于市党，而及于国民，而及于联邦。相亲之精神，乃未来社会发达之锁钥也。由今以往，人类和亲之法律，将为人群所日拓而日广。夫人群既往之阶级，则家奴、农仆、雇工是已。自今以后，则人群和亲以开拓地球之时代也。

今世财产之制，以少数之业主，制驭多数之雇工。雇工之名，虽得自由，其实多穷困饿死者。夫产业嗣续之制，则乌得为善制也。盖据产业为私有之弊，在业主惰废而无所事事，雇工以其产业之非己也，无爱其产业之心，则自无勤于力作之效。夫以之公产业一人窃据，以为私有，自论理上言之，固已不合矣，社会乌得有进步乎？欲救斯弊，则莫如废产业嗣续之制，以土地为公产，而合群力以开拓之，还以社会之土地，托诸社会之人民，变家族嗣续为国家嗣续。若是而社会不发达，人民不和亲者，未之有也。

圣西门既死，而其学说极盛，其门人务多立学校，以传播其主义，凡出此等学校之生徒，皆实行社会主义，弃绝私产。幼年入学，学成则依其才能，而授之以职事。故圣氏之徒，以为政府者，乃司理考校人民之心才及学艺，而授之以职业之公府也。

圣氏之徒，皆以为女人之尊贵，与男人同，而当得与男人同等之权利。盖无论男女，皆社会中之一人也。至于婚姻之事，则一依宗教之礼式焉。翁纷吞则以为男女婚姻，务极自由，而不须复拘之以礼式。故翁氏一派，多为世人之所诋毁，虽同党之人，亦多排斥其说者。

佛礼儿之学说

佛礼儿之倡社会主义也，实在圣西门之先。佛氏当一千八百年之时，已著有名之《四动力论》Theorie des quatre Mouvements（其义见下），惟其书初几无人读之。及圣西门及侯盈Owen（英吉利之社会党）之社会主义大倡以后，佛礼儿之运动始有效，故词法兰西社会主义创始者，必首圣西门，而佛礼儿次之。

佛礼儿之社会主义与圣西门之社会主义大不相同。圣西门之社会主义，主中央集权；而佛礼儿之社会主义，主地方及个人之自由分治。佛礼儿主义者，非能曲Phalange主义也（非能曲，即千数百人同居共产之意）。以非能曲占社会中最高尚之地位，握无限之权力，总政府之权力，反出于其下。

佛礼儿名法朗西查尔Francois M. Charles Fourier，一千七百七十二年生于法兰西国之白上宋Besancon。其父故为布商，家丰于财。佛礼儿曾在本邑之大学毕业，学问甚优，佛氏少以商业游于荷兰、德意志诸国，阅历甚深。佛氏之父死，所得遗产约三千镑，遂定居于里昂。会法国之大革命兴，约各伯党Jacobins围攻里昂，佛氏以富商故，被捕下狱。虽侥幸免于死，而资产尽失，为贫所迫，从军二年，后更渐复故业焉。

佛氏之投身于商场既久，故能尽悉商业之诈伪恶行。方五岁时，曾以说破商业隐情之故，受其父之严罚。方二十七岁时，在马赛经营运米之事。会其地乏食，亲见米商以索高价之故，致其米朽腐不可食。故佛氏窃心伤其不德义，慨然以救治其奸恶为己任矣。

佛氏以为欲救治社会之罪恶，则莫如先自救治一身之罪恶。救治之道，莫大于克己。佛氏以为倡一学说，欲世人行之，则莫如自行之。一千八百三十三年，佛氏于威尔塞Versailles之近旁，辟一广地，以实能行其非能曲之制。虽无成功，而佛氏之一生，因欲达其最高目的之故，常固守利他主义Altruism，笃信人群进步之本能，慈爱廉让，尽牺牲其本身之利益。而为人，此其所以为难能也。

佛礼儿之社会主义，以神理论、世界论、心灵论三者为基。

佛氏之神理论，即自然之乐天主义也Natural optimism。其言曰：上帝创造世间一切事物，本皆美善，人自不知，而反逆之，乃见有不美善耳。

自奈端发明吸力之理，人莫不知管制世界之大力曰吸力矣。佛氏以为吸力之显于动者有四：曰物质、曰机关、曰智慧、曰交际。大自恒星，小至微虫，皆有此四动力之作用存焉。人之心灵，人之社会，皆不能出此四动力之外，此神律也。

佛氏之世界论，甚谬误而不确。彼以为世界存在之期，大约不过八万年，八万年后则世界必毁。其间四万年为社会进步之期，四万年为社会衰落之期，今者方为世界进步期。上帝之意，常欲人乐。人莫不有欲望，既有欲望，则当使之满足焉。人类之欲望不能满足，必因其社会之制度，未尽美善故也。

佛礼儿之心灵学，分人类之原欲望为三种，三种共分为十二类。第一种五类：曰视、曰听、曰尝、曰斗、曰触。是五类者，皆有背苦向乐之天性。第二种四类：曰恋爱、曰友道、曰欲望、曰族谊。是四性者，人群之所赖以为结合也。第三种三类：曰更迭性、曰角逐性、曰复混性。更迭性乃起变异而不连合之因，角逐性乃起奸诡嫉忌之因，复混性乃起离绝之因。前之二种，每易为后一种之所胜。欲其不为所胜也，则须以社会之大欲望统制之，曰合一性。合一性常不为他性所杂合，如白色之不杂合他色然。

佛礼儿曰：社会之由草昧以进于文明和亲也，则人类之欲望，由不发达以赴于发达之现象也。佛氏本是说以定非能曲之制，其宗旨务使人类之欲望发达至于极点。非能曲之制，以八百人居一方地，成一团体，如其所能，从其所欲，而自由发达焉。合群力以兴农工之业，而享其乐利，依世界吸引之理，自由相爱。每一非能曲之人，同居一宫，广大美丽，人人安适，无虐政压制之害恶。一般官吏，皆由选举。佛氏自谓其制可通行于普世界，均分世界为无数非能曲，定君士但丁罗布为大都，而于此设非能曲之总政府。非能曲之男女，自由恋爱，自由合并，自由分离，尽人之力，从事力作，聚其产物，量人民力作之量而分配之。作困难重要之工者受上赏，作寻常之工者次之，作轻便适意之工者又次之。

佛礼儿之制度，华严界Utopia之类也，不可实行也。以人类之天性及社会进化之实理言之，则其制度之窒碍甚多。佛氏盖全不知人类之有自利性Egotism也。欲不可纵，而自由必不可无界。徒务纵欲，而自由无界，是返人群于草昧之道也，是皆与政治及社会进步之理不合。虽然，读佛礼儿之书者，必知专制政府之罪恶，而地方及个人之自由，不可不发达，此佛氏之所以为世所重，而后之谈生计学者，皆不可不研究其学说也。

（原载于《新民丛报》第31号）

法兰西文学说例

文体说例　记事　辩论　学说　戏剧　书牍

诗体说例　乐歌　颂赞　戏曲　劝讽　讴谣　杂篇

法兰西文学，分为二类，即散文La prose及诗词La poésie是也。散文分为五种，即记事、辩论、学说、戏剧、书牍是也。

记事genre narratif，又分为四项，曰历史，曰小说、亦曰稗史，曰谩言，曰报章。

历史者histoire，所以记社会内一切人事之可记录者之文也。今世之史家，以为历史不徒以记录社会内之大事，如钞胥吏所为而已，每记一事，必远探其因，穷极其果，而以道德学之大义审决之。

由是言之，则历史固不徒为记事的而已，亦描写的descriptive及哲学的philosophique也。

所谓记事的者，决无意义，徒事记录。如吾向者所谓钞胥吏之所为者是也。

所谓描写的者，每记一事，能描写其天然之状态，使读者勃然心动，如观图画，而记中之人活泼如生是也。

所谓哲学的者，每记一事，能寻出其事之原因与结果，而说明其理由是也。

历史又分为三种：曰世界历史，曰普通历史，曰特别历史。

所谓世界历史者L'histoire universelle，记世界一切时代一切人民之图案。如包需尔Bossuet所著之《世界历史》是也。

所谓普通历史者L'histoire générale，记一国民一社会生存之图案，如悔知累Mézerag之《法兰西史》是也。

所谓特别历史者L'histoire particuliére，所以记一省一州之事，或只记一人之事。记一人之事之历史，亦谓之传Biographie。其在希腊，若《布鲁特奇之英雄传》Les vies des hommes illustres de Plutaque即此类也。

一个人自记其平生之行事者，谓之自传Autobiographie。

其在记录特别一时之历史，记之者为此历史中之一人（或旁观者），若是者，谓之报告书，亦曰随录Mémoire。若圣西门之《累支Retz（地名）牧师报告书》是也。

历史之分年记录者，谓之编年史Annals。若大西特Tacite拉丁《编年史》是也。

记事之单简清洁，逐时分记，以便稽察备遗忘者，谓之年表Chronique。法人著年表之最有名者，为佛罗沙儿Froissart。

历史中之所谓圣史者，即记宗教事实之史也。

圣史分为二种：曰记教民之史，曰记教会之史。

历史中之所谓野史者，即记世俗人事之史也。

事实之以时代分次者，谓之时代史。其类有三：曰古代史，中代史，今代史。

古代史者，自太古以至四七六年东罗马帝国倾覆之时之史也。

中代史者，自一四七六年以至一四五三年，君士但丁罗布为土耳其所攻破之时之史也。

今代史者，自一四五三年以至今日之史也。

历史家必要之性质，曰真实。事实之舛误，固不可也，乃至时日亦不可舛误，为历史非荒唐之谰言也。历史家尤必要之性质，曰仁德，曰正义，无所阿谀，无所偏私，为历史非希荣求合、报怨逞愤之时文也。无此等性质之历史家，其论议无道德，其判断无是非，是专制国之所谓史臣、史官也。其文虽具，何足观乎？何足观乎！

小说者roman，其所记之事，不必征实。而描写之与事实无异，使读之者有甚深之趣益，甚高之理想，而终不可不归本于道德。若费纳龙所著之《退累马克》Télémaquc de Fénelon，沙头不里昂所著之《流血者记》Les martyr de Chateaubriand，皆小说之杰出者也。

小说中之所谓历史小说者，缀拾遗事，而引伸变幻之。英人司各脱Walter Scottt最长此技。

谩言者conte，亦小说之类，而特荒唐无稽，惟小儿最乐读之。卑娄尔氏Perrault著谩言最有名。

报章nouvelle之文，所以记事时，传要闻，其文以单简明畅者为优。

凡辩论oratoire之文，皆散文也（记事等类有用诗词者）。

凡辩论或以口说，或以文载。

诚欲辩论之有功也，不可以无辩才l'éloquence。

辩才者，以言语屈服感动他人之才也。辩才有自然生成者，有人为养成者。

辩才与修辞学rhétorique不同。辩才者，心才之一分也。有辩才之人，或不知修辞学为何物者。

修辞学者，有一定之法例，所以指导辩论者使有成功也。

辩才之适用者有三类：曰演说délibératif、曰辩护indiciaire、曰论证démonstratif。

演说者，说明事理，使众易知。若政坛、议院、市厅及一般普通之演说是也。

辩护者，或为原告、或为被告，于裁判所辩论一事之是非曲直是也。

论证者，证明事理，以定毁誉、褒贬之价值是也。

以上皆辩才适用之统观也。分析言之，则宗教辩论者L'éloquence secrée on religieuse，亦论证之一分。而宗教辩论又分五类：曰说教Sermon，曰教戒Homélie，曰教训Prône，曰教颂Panégyrique，曰祭文Oraison funébre。

说教者，教会大集会之论说，所以培养道德，申明定则也。教戒者，即寻常之说教也。教训者，即每七日集会之训义，于每小法区说之。教颂者，即赞美圣德之词也。祭文者，于人死时说之，以表示死者生平之性情及奉教之德行也。

此外又有学士会之辩论L'éloquence académique，于有新入会者之时说之，或以赞美某某之艺术文学也。

学说者didactique，凡一切关于教科之文皆是。其体例贵真实而戒无用，贵简洁而戒烦冗。若夫道德、哲学、科学、美术等之书，皆此类也。

戏剧dramatique之文，用诗歌者多，用散文者少。而亦常有用散文者，若法国著名之戏剧家 Moliére及Beaumarchais之类是也。

戏剧之文，分为三类：曰悲剧drame，曰狂剧comédie，曰小狂剧vaudeville。

书牍之文épistolaire，为用最广。其文体如普通之说话。若遂雨涅Sévigné夫人之书牍，乃法兰西国民中书牍之杰作也。

（原载于《新民丛报》第33号）

论理学之重要及其效用

讲学所以求真理也。论理学者，求真理之第一要法也。凡欲学术之发明Discovery及显露Exposition，非有论理学以为之基不能。论理学实一切学术之根源也。欲立说之合理，必须论理学；欲设辩之不误，必须论理学。欲求真理而不以论理学，犹之欲却病而不以药物，必不可也。汉米尔顿Hamilton曰："世界一切，惟人为贵；人身一切，惟心为大。"虽然，心之所以为大者，以其思想有规则，议论有条理耳。若夫野蛮族人之心，不知论理学为何物，不识研究术学为何事，则亦何大之有?

论理学者，科学之科学也The Science of sciences。泰西学术之所以能有今世之盛者，由十七世纪有倍根之力攻烦琐哲学Scholasticism，而发挥论理学之归纳法，主张以观察Observation、试验Experiment讲学来术也。故英国之论者，以克林威尔为政界首出之大伟人，以倍根为学界首出之大伟人，其功德皆不可思议。

论理学既为科学之科学，则凡百科学虽谓皆论理学原理之势力所推扩而成可也。故泰西科学名之字尾皆有ology音，如地质学，西名Geology，即论理学推扩于地壳上之意也。生物学西名Biology，即论理学推扩于生命现象之意也。至于心理学西名Psychology，动物学西名Zoology，形态学西名Morphology，人类学西名Anthropology，神学西名Theology，教会学西名Ecclesiology，无非以论理学为根源之意。

今中国竞言论理学矣，（论理学译本有严氏、杨氏之《名学》，及汪氏之《论理学》。严书由英文译出，奇崛难知。）然吾闻据译本学论理学者，十九觉其无趣。是有二因焉：一因中国论理学之向不发达，译文新异，卒难会晤；一因贸贸然学论理学，而毫不知其有何用处，则亦等诸寻常不关紧要之科学，而不虚掷心力以研究之，固常人之情也。夫论理学与一切科学之关系，既若是其重要也，欲吾国新学术之发达，非先倡明论理学不可；欲吾国人之热心研究论理学，非先告以其用不可。然欲言其用，须言其法。论理学之法有三：曰归纳法Inductive Method，曰演绎法Deductive Method，曰完成法Complete Method。

归纳法一名分析法Analitical Method，又名发明事物之法Method of Discovery。盖欲发明新学理、新艺术，非用归纳法，则不能也。晰而言之，归纳法者，即由万殊以求一本之法也。而演绎法者，则由一本以赅万殊之法也。故演绎法一名综合法Synthetic Method，又名汇通教学之法。汇分流派，推寻部类，必用演绎法。归纳法由人知推天则，演绎法以天则推人知，其用不同，其重要一也。

试以化学之分析及综合言之。分析者，离全为分之谓也；综合者，合分为全之谓也，分析之化学者，每验一矿质，必全分离之，试知其为何原质所合成，而后能定其天然之品性，是为化学分析之事。反而言之，苟称量一定之原质，准其成分配合之，而成一新杂质，是为化学综合之事。论理学之所谓分析综合，与物质之分析综合，虽不同，而其性质固无异也。

兹略论归纳演绎三法之大旨如下：

归纳法。人类之一切知识必由试验而得，欲吾心之能自创新知识，而全不由于试验，此必不可得之事也。试验派之巨子必推佛朗西司·倍根。倍根所著之《新教育》Navum Organum一书有言曰："人也者，天理之通译使也。然其能通译天理之功如何，则以其观察天理之心才如何为断。"故归纳法有二要素焉，即前所云观察及试验二道是也。

观察者，即观察事物之变迁，以完其本然之天则是也。如天文家观察夫日月、行星、恒星之行动，因以渐得天文学之公例。气象学家观察夫天象之变迁，空气之燥湿，风之方向，云之性情，以渐得气象学之公例。地质学家观察石层之异，古迹之变，以渐得地质学之公例。以至动物学家、植物学家、矿物学家，皆借观察之力，以新定夫动植矿物天然公例者。

试验之所以与观察不同者，即试验乃以人力变异现在事物之情状，而观察其究竟是也。如化学家以电流化分水质，而知为养［氧］、轻［氢］二气之所合成。矿学家融合二三种矿质，以定其矿物之专性。又如动植物家，迁徙其所畜养之物，于不同天气之地，以验其变异之状，考其天然之则，皆是试验之事。无期限之可必，有俟至数年后而得其天则者，有俟至数百年后而得其天则者。一旦得之，则豁然贯通。盖天则之力，其变虽常，其而变度甚微，非人之五官所能觉识，必须积试验以得之。电也者，固物物之所同具，时时之所常遇也，然古人不知之。其所知者，惟电光、北晓、磨石、琥珀诸事，而皆以为是不同物。及电机既兴，有流电池、电器出，而电之用乃广，是其证也。虽然，欲观察及试验之有功，则不可无臆说Hypothesis及理论Theory二者，以为推求事物之基也。兹论其理如下：

（1）臆说一字，在拉丁为Suppositio。凡一现象之不可以直接观察者，则吾可臆测其原因如何。如吾妄谓鸦片有催眠力，妄说磁石有吸引力，此臆说也。但吾思磁石之所以能吸者，以其体中有电流之故，因此一思，而加试验。试以一磁石，与一线轮Coil of wire，以电通之，则此二者，即正相吸，此乃由臆说而得事实也。又如吾以谓地必为热，此臆说也，因人不能直接以真见实测地中之形状也。然既有此臆说，而验之于火山，验之于沸泉，验之于矿穴之愈深愈热，又以日星之体热为比例，以地壳之发光渐冷渐缩为实证，则可知臆说之非虚，而地心之为大热无疑。而昔之一臆说，今乃变为一已知之事实A known fact矣。

（2）理论一字，有时与臆说一字相混淆。如彗星之理论，地震之原因之理论，其理论或实有皆不可确定故，此等理论，皆与臆说无异。所以谓之为理论者，亦姑且如是名之而已。如电之理论有二：一谓电流惟一，常聚积而趋于不足之处，以自补其缺，如水势之自趋于平面然；一谓电流有二，常相和合，苟分离之，则二电流自然复回，以再相和合。夫此之所谓理论者，即臆说也，因吾人并无确实之证据，以表见电流之情状也。又如微分子之理论Atomic theory，大顿Dalton谓化学原质，皆微分子之所合成，此理论亦臆说，因无人能实示微分子结聚之定形故也。

然则理论何谓？理论者，对于实行之反面也。如吸力之理论，自奈端创之，而谓世界一切物质之动合，皆吸力为之原因，此为理论。因人并不能确定吸力之在于地球何处，而实用之故也。海客之行船也，必赖有算表以定经纬度。夫海客之用此算表是实行也，而天文家之定此算表，则理论也。又如声之理论，月之理论Lunar theory，潮之理论The theory of the tides，则皆真理论也，非臆说也。因是实科学之普通知识，而非凭空臆说之所可比也。

归纳法有常用之数名词，解其讲义于下：

（1）事实Fact。事实二字原于拉丁文之Factum，即已作之事之谓也。然其所包之义实广，事实者，理论Theory之对面也。有时指某事某物，已为人之感觉所触知，而与臆说Hgho theory乃推知Inference之意相反；有时指一特别之事情，而与普通之法例相别。质而言之，事实者，即真理Truth之异名也。

（2）现象Phenomenon。现象者，即某事某物之已显现者之谓也。由是人之感觉，乃可得而观察之，其字原于希腊文之ØANONEVOV。

（3）原因Cause。原因者，事物所从出之处也。故事物为子，原因为母，未有事物而无原因者。其原因成为单纯或为复杂。以枪声之爆发言之，枪声爆发之原因，非惟枪机之引击而已，枪机之引击，不过其本原之最后者耳。若夫火药之适量，枪身之合式，阻力之反应，铜帽之撞击，天气之围绕，莫非枪声爆发之原因。数者缺一，则枪声爆发之事不成。

（4）倾向Tendency。每一原因之产出效果也，有其一定之倾向。倾向者，有可逆阻者，有不可逆阻者。苟遇逆阻，则此原因产出之效果，即现变相。例如掷石于空，石之过经，本为直线，而遇地之吸力，吸石使坠，改其倾向。掷力、吸力，二者相抵，经若干时，成抛物线，以堕于地。又如月球绕地，其亦同。地之吸力，月之动力，二者平均，改其本来倾向使之绕地。

（5）前事及连系Antecedent and consequent。前事者，事境之在某事件，或某现象之前者是；连系者，事境之与前者异，而与前者随从和而出者是。但所谓前事者，非原因之谓也。前事固可为连系之母，而连系不必皆前事之子。例如日光，固可燃物；而夜间燃物，固不因日光也。虽然亦有所谓之必要之前事焉Necessary or indispensable antecedant。必要之前事，与原因无以异，因非有此则效果无以产出也。

（6）法则Law及自然法则Law of nature。法则者，效果之规，行事之例也。自然法则者，效果之普通例规也，现象之普例规也。二者皆非原因，而一切原因，不能不依此而行。归纳法常用诸名词之义如是。兹论归纳法之法规Method of induction。盖欲定自然之法律以推测宇内之现象，非有一定之法不能也。举经弥勒氏J. S. Mill所定诸法如下：

（1）合一法Method of agreement。弥勒谓为归纳第一法。例如聚诸现象，而调查之，在一境中，独为同一，则是境者，即诸现象之公原因。

欲用此法，必如吾所能，聚积多种现象而比较其前事，其诸前事，必有一为原因者。其或前事既行，效果不见，则可断以为非原因；其后前事既行，效果随之而见，则此前事即为原因，无可疑者。以事明之，有若在水泡中，每现光华之七色。在浮于水面之曲脂薄层亦有之，在云母石之薄层亦有之，在玻璃之缺口亦有之，在玻璃二片压合处亦有之。由是诸等现象，以考验其原因，则见此七色之光华，非他，乃一极薄翳层耳，在固体、流体、气体中皆有之。爰知七色光华发现之原因，即薄翳是。以光阻Interference of light之说，可证其真。白留斯特Sir David Brewster曾试验蚌壳之七色光华，非由其原质之本性所生，而为其薄面之所成形。彼置蚌壳于黄蜡中，蚌壳之质已变，而其色不改。后又察知一法，如于金质之面，刻画为极细凹线，则金面即现七色光华，与蚌壳无异。于是七色光华之原因定矣。

反之弥勒又有所谓原因之多数者Plurality of causes，遇此别合一法不适于用原因之多数者，效果同一，而其原因不止于一之谓也。例如热所以出，有由摩擦者，有由燃烧者，有由电气者，有由压力者，是固不能以唯一原因考察之也。

（2）差别法Method of difference。弥勒谓此为归纳第二法。其言曰：“在甲事情之下，显某现象；在乙事情之下，而此现象不显。于是甲事情与乙事情，遂相差别；而甲事情者，必为某现象之原因，否则其原因之一部分也。”以化学最浅之理明之，如$AgNO_3$遇HCl变为AgCl+HNO_3，显白色干酪样之现象，而易溶解于NH_3Kcu，Na_2SaO_3诸溶液中；而$AgNO_3$遇H_2S及他溶液之现象不同。由是可知HCl与H_2S及他诸溶液相差别，而为遇$AgNO_3$，生AgCl而显白色干酪样之原因矣。由是法可证摩擦为生热之一原因。因二木相摩则生热，二木不相摩则不生热也。大卫氏Sir Humphry Davy谓虽二冰块，聚真空中，以相摩擦亦可生热。因二冰块皆渐溶解，由是可知摩擦为生热之一真原因矣。又如证空气为发声之原因，实始于火克司比氏。火氏于一七〇五年于一罩中，充以空气，位铃于中，摇之有声。而不然者，充此罩中，以少空气，或至于无，位铃于中，摇之无声。又如以钠Sadium或其杂质，或七色景，则有一黄色双线，灿然显露。苟无钠者，七色景中，黄色不见；苟有少钠，投于光原，黄色即见。又如氧气，动物赖之为生命。原于一罩中，置一动物，抽去氧气，动物即死，凡此诸法，皆名差别。

（原文未完）

（原载于《政法学报》癸卯年第二、四期）

新学术与群治之关系

闻之生物学者有言：人类之心才，所以超越于下等动物者，以其富于学习性也，以其富于推度性也，以其富于悬想性也。惟是之故，故人类独有学术，而下等动物无之；文明人种独有新学术，而野蛮及不进化之人种无之。盖自有宇宙以来，物种存亡之故，群治进退之原，其理赜、其大要在是矣。生存竞争，最宜者存，其宜性何？即能发明最新之学术，而进化不已之谓也。通观自有历史以来之世界万劫尘尘，国种兴衰，若循环然。然当每一新学术发明之时，则必震撼一切旧社会，而摇动其政治经济等界之情状。有变者，有不变者；有胜者，有不胜者；如春雷之始鸣，冬雪之初降，宇内万象，一切变色。甚矣！其势力之巨大也。今者新学术之盛，莫盛如欧美。凡立足于地球之各种人，莫不吸其余粒，丐其流波，以之存国，以之保种，不如是者，灭亡随之。红黑种之凌夷，日本、菲律宾之勃兴，皆其最亲切明了之例证矣。然西方新学术之盛也，至今实不及五百年。今略述其梗概于下，以见西方群治进化之故，其阶级固历历可寻也。

西方新学兴盛之第一关键，曰古学复兴Renaissance。古学复兴之字义，即人种复生时期A second birth time of the race之谓也。欧洲之在中古时代也，希腊罗马之学术，既坠于地，生于其时之人，茫茫然无所知识，不知世界为何状，不知世界之万物为何状，乃至不知己为何状，故西方历史家谓中世纪为黑暗时代。若是者垂千年，殆至十五世纪之初，乃始由漫漫之长夜以达平旦也。

中世纪之人，无治自然科学Natural science者。虽其时最号有学之士，皆信日及行星皆绕此地球以行者。天文之学，惟职星占说祸福者治之，虽算学亦远不及。古教会以外，无治美术者，绘画建筑，皆守古法而无进步。盖其时之人，几尽无美术文艺之思想，更无论其他矣。

古学之复兴也，实以意大利为滥觞。当是之时，意大利之为通商聚点者，既二三百年，财富充积，城市繁兴，物质之文明最发达焉。因是之故，故最易唤起国民美术文艺之感情，而古学复兴，亦以美术及文艺为开始矣。

绝世大诗人但特Dante Alighieri者，既于十四世纪播雷名于意大利。培特拉克Petrarch及包卡休Boccaccio继之。培氏以能作抒情诗Lyrical Poetry名，包氏以能作韵文名。同时有纪偷Giotto者，于绘画界开新纪元，能活肖天然事物及人类事物之真相。是为古学复兴之第一级。

十四世纪之末，奥多曼土耳其Ottoman既取君士但丁罗布，希腊学人，多自东徂西者，于是希腊学始复兴于西欧。盖在一四五〇年之顷，欧人之治希腊罗马文学者已报众矣。是为古学复兴之第二级。

自研究希腊文学者既众，而研究科学之志，勃然遂兴。此为古学复兴之第三级，实即其第末级也。当时之所谓科学者，惟史学及神学二者而已。然因是能知疑问Questioning、批评Criticism之用，又知聚积Collection、比较Comparison之法，后遂推阐之，使益广矣。

在十五世纪之中叶，忽得一奇异之新发明，以促学术之兴盛，而大启人群之智识者，即印书器之发明是也。发明者为何人，及本何意，皆不可知，惟知其出自莱因河之近傍而已。其法未久即通行于全欧洲，意大利尤盛，几乎无市不有其业，而费尼士Venice犹为书业之中心点矣。

发明印书器之所以有功于人智之进步者，何也？一在骤加书数，使人住居何处，皆可得书；一在大减书价，视旧价减五分之四，于是人人有力购书。是诚智识进步之一大关键也。说者谓，结中世纪之终，开近世纪之始。印〈书〉器发明之功，视火药发明之功尤大。盖火药亦同于是时发明。战争之术，亦经一大革命也。

意大利古学复兴之结果，即美术文艺之勃兴，及研究拉丁者众是也。是时处阿尔伯司Alps山之北者，为偷通人种，其中如英伦者，当十五世纪之末，十六世纪之初，亦大被古学复兴之效。奥司佛Oxford大学之学生，名叩累Colet，之伦敦立圣保罗学校，传教育之新法。德麻司摩儿者Thomas More，题理第八之大臣也，实为是时智识改革者之领袖。又始有人研究《新约》，而知原始基督教之真性质矣。

当一四九八年之时，有荷兰学生名尔拉司母者Erasmus，家贫不能至意大利，乃之奥司佛学希腊文，与叩累摩儿友善，学识赅博，为一智识改革之大代表者。讥僧侣及烦琐哲学派之暗陋，著Colloquies及Praise of Folly，通欧洲人竞读之。又精心考核圣经，指摘教会神父著作之杂和伪误者。于一五一六年自译《新约》刊行之，其后路德改教，大受其益。路德初次攻击加特力教会，尔拉司母犹及见之。尔氏于宗教改革之事，与路德表同情，然其中之要点，亦多与路德异者。

古学复兴之历程，大略如是。今请言其关于群治之大效果。

一　智识之进步也。当尔拉司母之末年，欧人智识之发达，已迥出乎希腊罗马古昔文学范围之外。地球各处开通者既多，地球之真形渐明，及新大陆（美洲）出现，欧人乃益知地球焉，太阳行星之关系如何，而地球之确属太阳系Solar system中，无可疑矣。

一　商业之扩张也。十五世纪之人智既进步，遂皆热心于商业之竞争。盖当十字军兴之时代，商业家之目的，在能达印度以交换东方之产物，然其路不通。十五世纪之新目的，在能发现一新路以至印度，而更经过回教诸国及埃及之难。当是之时，西班牙及葡萄牙之商业最盛，而北地中海为土耳其所据，行旅不通，惟费尼司之商人与土耳其之酋长立有专约，独许行焉。故西、葡之人，皆欲得一不由地中海之新航路，以达印度。于是商船始有出航大西洋者。罗针之发明虽早在十二世纪，然其适于航海之用，则尚未全知，至十五世纪而其用始广也。

一　葡萄牙之寻得新地也。最初之寻得新地者，为葡萄牙人之寻得亚非利加之诸西岸。既寻得之，获商货甚富，遂欲由是通行印度。当是之时，葡皇族有名显理Prince Henry者，亲身航海，常居于温深海峡Cape St. Vincent，聚积一切科学之知识，及航海者之报告，鼓励国人，使益南下。显理虽早死，未能亲见航争之成功，而葡人习于海涛之险。一四八四年，已有过赤道而南者，至一四八六年底亚司Bartolomeu Dias已乘潮过喜望峰。喜望峰者，底亚司之所名也。后十年，遂由是达印度。同时有德叩雨能de Covilham者，过埃及Egypt、尔凋披亚Ethiopia沿非洲之东岸，以航印度。一八九七年，加马Vasco da Gama，始环行亚非利加一周，以达茅津比克Mozambique，与一操阿拉伯语之导航者，共至印度。后二年，携东方产物以归李司彭Lisbon。印度之航路，至是始大通矣。

一　科仑布之成功也。科仑布自幼时，知地球为圆形，以为地球之大，必不止如今人所知者。且西行不已，必有更近之船路，以达印度。遂毅然亲自航海以实证之。于一四九二年八月三日出航寻得古巴，以为是即亚细亚也。于次年之三月十五日归，以报告其成功，谓寻得一新航路以达印度矣。科仑布再行，复寻出南亚美利加，卒未达北美洲。北美洲以英使卡包特Capot之所发见者，然筚路蓝缕，导先路者实科仑布也。科仑布既成功，各国之人，争起效之，英、法、西、葡四国之人发见新地之事，几日日已有闻。最著要者，如一五一三年巴尔包Balboa之发见太平洋。一五一九年马志仑Magellan由南美洲之极端，通过太平洋以贯至东印度。马志仑虽为土人所杀，而其副使继之，过喜望峰以归西班牙，而实证地球之确为圆形。航路四通，人智益骤进矣。

一　经济界之革命也。新地之发明既多，于是欧人之商业，不仅为地中海之商业，而变为大洋外之商业。国境与大西洋接之诸国，如英、荷、西、葡诸国之人，皆成为欧洲营商之大国民。李司彭代费民士兴起，为商界之中心点。墨西哥、秘鲁之金货，日自美洲以流入于欧罗巴之市。欧人之劳动者得工价甚高，一时劳动社会，颇著兴盛富裕之象矣。

一　物理学之肇兴也。当是之时，有发明太阳系之真象，与科仑布并著绝伟之功绩者，为哥白尼Copernicus。哥白尼者，波兰人也。生于一四七三年，游学意大利，最嗜算学及天文学。疑地球为天体中心点之旧说不确，虽其时无测量之精器，而哥氏务立多证以祛旧疑，而终不敢贸然著书。于一五四五年病床之下，留一书以倡地〈球〉为行星之说，遂开今此之新天文学。夫哥氏不惟新天文学之祖也，今世科学进步之初级，实大赖之。盖自是世人乃知以观察Observation、比较Comparison之法讲学，而科学之发明者遂日多矣。

此皆古学复兴后之最著效果也。中间百年又有十七世纪科学大发明之事。

人文开发、生计变迁之大时代，为十五世纪，既记之如上矣。文学之复兴，印机之创始，海洋之发现，皆此世纪之大纪念。而路德之改教随之。十六世纪之欧罗巴，乃全陷于战争之盘涡中，故科学之在十六世纪，无甚进步。

至十六世纪之末季，乃初现一人文发启之新时期，即英伦之文学是也。当是之时，英伦力与西班牙决海上之死战，文士乃作许多激刺军心鼓舞勇气之诗歌，一时大流行于通国。而以利沙伯时代之最美产物，即戏曲也。历史小说，册多价昂，不如戏曲之小册易购，而当时之最大戏曲家，即索士鄙亚Shakespeare也。

即今观之，若索士鄙亚为全时期之唯一代表者然。然当时戏曲者若本·宗孙Ben Jonson、马娄Marlowe、包蒙特Baumont、佛累缺Fletscher者，皆一代有名之戏曲家也。

文学以外，十七世纪之大成功，即科学之进步是也。而沟通文学、科学之界者，实英伦之佛朗西司·倍根Francis Bacon。其所著文集Essay为文学界不朽之贡献，而其所著《进学篇》则文学、科学两界不朽之贡献也。倍根力攻烦琐哲学，而主张视察Observation、经验Experiment之必要，及归纳法Inductive method之当修。

十七世纪科学进步之先锋，实刻白勒Kepler及嘎利留Galileo之天文学。自哥白尼发明太阳系Solar system之后，刻白勒更明定行星之轨道，且立星动之三例。同时嘎利留于意大利发现木星之月，且谓金星之光，与地球之月等。于是哥白尼太阳系之理大定。

十七世纪之末季，发明一奇异重大之理，即奈端之地球吸力说是也。是与刻白勒之天文说合，而天文学之算测实验，得此以定，而科学之根本基定矣。由一六〇〇年至奈端之死耳，科学之进步，虽十九世纪之盛，不足与比。而重要之物质公理，皆发明于此期间。

此期间科学之进步，实国际的性质也。哥白尼发明太阳系自波兰，嘎利留实证之自意大利，然其所持望远镜实至自荷兰。刻白勒，德国人也，其论料本于布拉赫Tycho Brahe。布拉赫者，丹麦人也。集大成者英人奈根。然至法人鄙卡儿Picard精测度之后，奈端之证益明。若是其大之建筑，欧罗巴之国民，殆各与有力焉。

当是之时，科学界外之大进步者，曰法律之思想。经验派大哲学家洛克Locke讲心灵学、教育学，又论政府存立之原因及其职能。美、法二国大被其影响，至今已定为普通之法理矣。与洛克同时，本宗教之神力，抱法律之新思想者，为英伦之自然神教徒Deist。

十八世纪之初年，法国之国事犯多逃于英国。其最有名者曰福禄特尔及孟德斯鸠，大感夫三权分立Three different lines of influence之制。当是之时，英民之自由，虽不及其在十九世纪之完，然比之法国，则相去远甚。有洛克之政治哲学，有自然神教徒之法律思想。乃著书疾呼，以定法兰西之改革案，明政府之真相，宣自由之木铎。法兰西大革命起，十九世纪欧洲之大革命起，其原动力皆此区区数册法理学也。

法兰西革命前，专制君主路易十四者，其功罪不相掩也。彼以独力与全欧搏战。当彼其时，法国文学之盛，戏曲之美，几达极点。叩累Corneille、莫丽儿Moliere、拉西Racine之徒，互竞才技，法兰西之语，因以改良。十八世纪之全期，法兰西为欧洲大陆之教授导师，法语遂成为欧洲大陆之普通语，以至于今。

就大体言之，谓十八世纪为建设之时代，无宁谓之为破坏之时代。此时代之学风，以观察及经验为尚，又将各种事实聚集而类别之，批评十七世纪之旧理，而发其误失，预备十九世纪之进步，而导其先路，此十八世纪之特质也。

然十八世纪之二大发明，固有不可忽视者。一曰氧气Oxygen之发明，因此知燃烧之本性，而废百年沿用之炎火Phlogiston旧说；一曰拉卜拉司Laplace之天文学，适于十八世纪之末年出版，始发明星云Nebular臆说。且此世纪中，讲自然科学者，益知用类别之法Method of classification。若林留司Linnaeus之植物学，巴俸Buffon、顾费儿Cuvier之动物学，皆善用类别之法，而即进化论文之先声，达尔文之前导也。于医学发明种痘Inoculation之法，而弗打Volta、贾费尼Galvani、佛兰克令Franklin之始研究电学，即在是时。

十八世纪所发明之一种新科学，而今日占极重要之地位者，即经济学Political economy是也。当十七世纪之末，叩倍儿Colbert始著论政府管理工商之法。其后法国之School of Physiocrats立，始论富之生产分配。而魁司累Gueslav者，实此学开创之始祖也。其后古累Cournay、偷苟Turgot亦稍有发明，然使经济学之完全成一新科学，实自亚当·斯密始。亚当·斯密之《原富》Wealth of Nation，实以一七七六年出版于苏格兰也。

且十八世纪之最大革命，即工事之盛用机械是也。自一七六〇年至一八〇〇年之间，机械之创造改良者无数，汽机亦于是时经大改良，而合于用。哈格里夫Hargreaves、阿克来Arkwright、康卜登Compton相继创纺织新机。制布之业，一大革新。炭矿开掘之法，同时改良。铜铁之创造亦然，以应新需。而缫绵新机cotton gin之创作随之，是机乃槐累Whitney之所创于美洲者也。

机械发明之结果，为财富之积累The accumulation of wealth。故十八世纪之末，生计界起一大革命。机械之利用，犹之金矿之无尽藏也。方其初始，英国财富积聚于资本家手中。然拿破仑之战，英国即赖是以得不匮，且赋税之收入，贮蓄银行Saving bank之设立，中级社会及劳动社会，受益良多，个人之利，莫大于是。

最蒙机械之利者，为英格鲁撒逊民族，其富亦遂为世界之冠。地球总富，英人攫其三分之一。而据一八八〇年之调查，合众国民之富，实贯于地球。因是之故，其人种遂益膨胀，屡战不匮，拓地益远，据极强之海军，有十万万圆之国债。今昔财富之比例，其相去不啻霄壤矣。

至十九世纪，而科学之发明极盛，有专书言之，非短篇所能罄。其特质曰：发明纯正科学Pure science，而改良生计之应用，增进人类之福祉，遂进为机械之大时代The great age of machinery矣。

十九世纪发明之最重要者，曰利用蒸汽为运送之机关，而创造铁路汽船；起商界之革命，使新机创造之货物，易于分配流通；且此发明科学之最利用者，尤为电学，若电报、电灯、德律风等等是也。又若火柴、映相之术，麻醉、防腐之剂，预止传染之药，科学之应用，亦未始而有涯也。

十九世纪科学之特质，在即天然活动之事物，以发见天然律The laws of nature，若夫“力之永存”之律、“分子构造”之律、“生物进化”之律、“细胞胎胚”之律、“传病原子”之律，以人智测天功。前世纪之可以与比者，惟奈端所发见“地球吸力”之律而已。

今方二十世纪之第四年，而科学界重要发明，已有电学界之无线电报及化学界之光radium。继此以往，蓬蓬益甚。而吾中国守三四千年前祖先发明之庭燎野火，不能光大，何也？不知以“比较”“经验”“观察”“聚积”“类别”“演绎”“归纳”之法讲学故也。《大学》何尝不言格致，而曰格致所以诚意正心。夫心学者，格致中之一事，而非其宗主之所归也。程、朱小儒，眼孔如豆，盛张谬说，谓纲常外无义理，心意外无学问。陆、王之以禅学虚空率天下者，更无论矣。至于今日，君吏昏虐，士庶奸伪，所谓先贤义理之教，心意之学，何丝毫不食其报也？学界昏黯，魔邪塞途，西方以科学强国强种，吾国以无科学亡国亡种。呜呼！科学之兴，其期匪古。及今效西方讲学之法，救祖国陆沉之祸，犹可为也。

（原载于《政法学报》癸卯年第三、七、八期）

民权自由之敌奥太利宰相梅特涅传

序　论

哥西加之风云儿拿破仑第一者，龙骧虎啸，睥睨西欧，宰割其山河，一世殆无有能当之者。当此之时其能先料拿破仑之必败，合纵列国，阴养势力，以图恢复；事机既来，一蹶而起，卒报拿氏者，于日耳曼列邦中，思坦因梅特涅者，即其人也。兹请论梅特涅。

梅特涅有潇洒滑脱之风，权谋纵横之才，能笑能谈，能交能谋。而彼当笑谈之顷，奇智百端，笼络一世。其交人也，阳示吐落肺肝之状，而其胸中阴险不可测。彼其所设之谋，周到致密而阴险，实有外交家之天才焉。梅特涅诚十九世纪之伟人也。然至于晚年，为民权党之所覆，流落江湖，以终其生。呜呼！凌辱一世，气焰万丈之梅特涅，不知自量，厌其渺渺之一身，与民权自由之大风潮为仇敌，卒之不免于败，其愚亦可怜矣！故予特译述其传，以为蹈梅氏之覆辙者鉴戒也。

第一　梅特涅之少壮时代

梅特涅以一千七百七十三年五月十五日，生于莱因河畔之可布林，家世清贵，代有显官。其受奥太利公使之职，为尼爹伦得之公使者，即梅特涅之父也。

梅特涅年十五岁，入司特拉司布尔克大学，是即拿破仑第一在巴里兵学校卒业之年也。一为武断之英雄，一为术策之权谋家。他年驰驱欧洲之中原，演翻天动地之快技者，实此一双宁馨儿也。

一千七百九十年，日耳曼皇帝刘布尔特于佛朗克佛特举践祚之式。梅特涅时年仅十七，得参列此盛典之荣，举止圆满，风采潇洒，既为万人之所注视矣。彼列即位式之时，见奥太利公，深得其欢心。奥太利公者，即他日之佛朗西司第二，继日耳曼皇帝之位者是也。梅特涅所以博佛朗西司第二之宠用，其源远矣。

梅特涅既在司特拉司布尔克大学卒业，更入蒙自大学修法学。年仅弱冠，矫矫不群之态度，益加以光彩，闲雅温温之举止，愈添以优美，真个可爱之佳公子哉。加以快活能谈笑，多艺而富机智，是以梅特涅之名，啧啧为时人所称，既已喧传于交际之社会矣。一时奥国之人，以一见其风采为快，遂得权任为公使，赴英吉利之京城伦敦。

梅特涅之在伦敦也，与英国有名之政治家订交，相往还。一时妙龄外交家之声名，又轰传于英伦之朝野。噫！彼年犹未出二十，与巴克、彼特、富克司沙内里敦等诸名士握手纵谈天下之事，能使彼彼等自然畏爱之，岂非一世之麒麟儿哉！

梅特涅二十一岁，被擢为驻任哈巴之公使。时哈巴恰为战地，不能赴任，遂往维也纳，此为梅特涅出现于奥都之始。

梅特涅至维也纳未久，遂娶高尼支公之女为妻。公之父历视三朝，久居外务大臣之显职，权势凌一世。今也梅特涅与其家结婚姻，高尼支公之女，容姿绝世，风采温雅，真个梅特涅之好匹配，其得意扬扬可知也。

结婚之后，梅特涅欲暂久居于加吾尼公之家，与新妇乐偷闲之日月。虽然，当时之国家既多事，敏腕快手之外交家，需用最切。故梅特涅不得悠悠久居闲地，忽得复任公使之命，赴多里司丁，时一千八百一年也。

第二　梅特涅为公使驻多里司丁

梅特涅前驻英京为公使之时，年犹少，外交家之手腕尚未振也。梅特涅初现其外交家之伎俩之时，实自驻在多里司丁之时始。

多里司丁者，窥察拿破仑之动静最便利之地也。欧洲列国之有名外交家，多集于此。少壮之外交家梅特涅，亦适受命驻在此要地。其非凡之外交伎俩，亦于此初发轫焉。

多里司丁不惟外交之要地而已，且其地文艺美术之发达最为有名。梅特涅在此以其暇日学种种之技艺，又研究政治学，为良绅士之好标本。彼当年虽未于此一大振外交界之威，而梅特涅之必为后来大有为之大外交家，则既已万人之所同认矣。

第三　梅特涅为公使驻柏林

梅特涅驻在多里司丁既二年，更受驻在柏林公使之命，时年二十八。

当此之时，拿破仑将大举攻奥太利，汲汲然修战备。奥太利欲当其锋，不能不与普鲁西相合纵，而借其援。然奥太利与普鲁西争霸相反目，已非一日矣。忽然舍宿怨，共攻守，岂容易可期之事？非有策略纵横之大外交家，其必不能使两国相融合也明矣。梅特涅之赴柏林，实受当此难局之命。梅特涅在柏林四年，竭智尽术，经营惨淡，欲合普、奥两国之交，而普之嫉奥太利也如故。虽以梅特涅之才略，终无由固两国之合纵。盖普不援奥，一则出于嫉视奥太利之情，一则因畏俄罗斯也。时拿破仑与俄帝阿历山大第一订亲交，约缓急相援，应若普鲁西与奥亲，则必不免于受东西之敌，此普鲁西所以惮与奥太利同盟也。

第四　梅特涅为公使驻巴黎　达尔朗得及梅特涅

拿破仑之势日益盛，欧洲之大半，既尽为彼之所席卷。奥军与法军战于奥司特里息，败。战于维也纳又败。日耳曼殆全归于拿破仑之掌中，于是奥帝特派聪慧机敏之外交家驻于巴黎，以注视枭雄之举止进退，而探知其策略计划也。以为梅特涅最适此任，遂自柏林召还梅特涅，使更驻巴黎。举至难至困之方面，使梅特涅一身当之。呜呼！梅特涅所以为空绝一世外交家，于此可见矣。

当年之日耳曼，实外交家之大舞台也。而当时之为外交家者，多为贵族出身之公子，有材干及智识，各画合纵连横之策，以相竞斗。恰如中国战国时代苏秦、张仪一流名士，相与连袂登舞台，视持使节赴外国一事，为无上之光荣焉。不敬文士，不导学者，不仰慕美术人，举世间一切名誉光荣尊敬之事，丛集于外交家一身。梅特涅者，实此时奇计百出、离合无端之大外交家也。当此之时，梅氏之英名，鸣于天下，梅氏之威势，盖于一世，良非偶然。当时之奥太利虽屡为拿破仑之所破乎，而奥国积年累世之余势，未坠于地。欧洲列国，莫不目奥国为大国，而同表其敬意者。以梅特涅之大才，为若是之国之代表，岂不快乎？且彼既生于权门，又娶权门之女，父为公爵，舅亦为公爵，阀高族贵，至斯而极。其为万人之所羡慕，岂不宜哉？当时奥太利之风俗，甚尊门阀，虽有如何之材略智能，苟门地甚低者，决不能膺外交家之荣职。梅特涅则兼有门地、材能之二者，此其所以发跃一世也。

梅特涅之赴巴黎也，实在一千八百六年。彼之春秋，三十有三，翱翔于外交场里，既十余年矣。既具天成之奇智，又历无数之经验，故梅特涅之风采愈扬，权略愈加也。具有明亮致密之头脑，多歧万端之智识，冷静深刻之意思，几多巧妙之艺技。若梅特涅者，今恰在华丽冠于欧洲巴黎，与机智敏慧不在己下之大外交家相遭遇，其人为谁？即与梅氏同时，为法兰西之外务大臣达尔朗得其人是也。达尔朗得者，丰姿潇洒，举止闲雅，应对如流，谈论风生，真个是法兰西绅士之好标本哉。且长学艺，富权略，亦是与梅特涅相伯仲。此公使与此外务大臣，握手连袖，慷慨谈天下之形势。呜呼！其雄卓之辩，纵横之议，至今尤仿佛在吾人面前也。

梅特涅与达尔朗得相酷似之点甚多。其多智多能也相似，其快活滑脱也相似，其举动优美、巧于谈话也相似，其富于权谋策术也相似。二人间，固无黑白云泥之差异也。虽然，彼二人者，固有相异之点在。达尔朗得者，有自由民权之思想，而望立宪政体之创设，惟彼见法国人民乱暴骚扰，破坏万事，恐妨害宪政之创立，欲保秩序，维平和，而后乃徐达于彼岸焉。梅特涅则恶民权自由主义不啻蛇蝎，以君主专制为无上之良政，而极论立宪政治之适以酿下民之横议，起政治之紊乱也。故梅氏局促卑陋之眼中，惟有奥太利皇帝，而无人民之权利，尽其力以拥护皇帝压抑民权，虽牺牲一身而不辞。呜呼！梅特涅身败名裂为万世所唾骂之原因也，是其与达尔朗得之政见相异，岂不甚乎？且两人之气质，亦多相异者。达尔朗得性多吝啬，汲汲然务积财货；梅特涅轻视财货，为邦家之故，每每掷万金而不惜。两人之性质，一长一短，固莫非一代之伟人。而梅特涅独以与民权自由为仇之故，遗臭千载。吁！可悲也。

梅特涅之在巴黎也，才气横发，观察周到，人皆惊其非凡，彼实驻在巴黎列国公使中之王也。列国之公使，莫不瞠乎从梅氏之后者。一千八百六年，梅特涅与法国结俸登布路条约。连败之余，犹能不尽失奥太利体面。拿破仑倨傲不逊，傲视万人，睥睨一世，独至与梅特涅相接之际，厚礼和辞，不敢轻视焉。当拿破仑以一个人视梅特涅，则爱之；以外交官视梅特涅，则畏之。以梅特涅为快活多才之人，故爱之；以梅特涅为胸藏隐谋不可测度之人，故畏之。且梅特涅之意见，以为苟求不害拿破仑之感情，则虽以奥帝之皇女嫁之而亦不妨，是以拿破仑颇求得梅特涅之欢心。呜呼！英雄，英雄！其能脱出于女儿牢笼之外者，伊古以来，几何人也！

梅特涅既为拿破仑之所畏敬，雄视外交之社会，而留居于巴黎者三年。三年之间，常以其明锐之眼，注视法兰西之内情，侦知拿破仑之计略，以预为奥国谋。时拿破仑有侵伐俄罗斯之意，梅特涅早洞知其败，窃谓人曰：是拿破仑之一大失策也，彼一蹶不能起之期不远矣。遂急报此意于本国曰：早为准备，法帝必败，败则吾国直举兵复侵地耳。梅特涅先见之明为何如？彼尝评论拿破仑之人物曰：

"拿破仑者，大立法者也，大行政官也，大军人也。是实彼天性最适宜之职司也。彼之思想，常向积极之方面而倾，其观念常向物质之方面而倾，彼最不好为模棱暧昧之空想，最恶如梦幻的抽象理想。一事一物，莫不欲说明其实际，彼以幻想为无稽之荒诞。彼之所为，乃求会得科学肉体之智觉，而以为实验及观察之实础也。

"十八世纪之哲学理想，则排斥之，目为虐妄误谬，福禄特尔尤为彼之所最轻蔑。虽然拿破仑颇重宗教，以为可配人间社会之思想者，惟宗教而已；然彼之重宗教也，非真个畏神道而信圣灵也。彼以为是乃统御社会国家之一大方便法门耳。故彼虽为加特力之教徒，而不守宗教上之仪式，不行礼拜。

"拿破仑颇有知人之明，凡有可用之才者，则直拔擢之为已用；又最详知法兰西人民之性质风气，而巧于利用之。彼读史虽不多，而有读一知十之才。彼所最追慕之英雄，为亚历山大诛撒沙尔曼。彼常为自夸称其家系之旧，门地之高。彼之待人也，如土芥，毫无尊敬他人之心。彼在家庭甚质朴而爱眷族。彼之风采颇不扬，口讷于言，无快谈雄辩，身干短小而无威仪，然彼常欲自显其身之长也，行步必用足指。彼又欲眩人之耳目，常服壮丽夺人目之美服。或时而服质素之服装，力求出于常人意表之外焉。

“拿破仑胸中焰焰之希望，惟在得权势。不适于此一目的之事物，则彼不费时间与思虑以等之也。彼一念既起，则牺牲其他之一切殉之。其决心实可惊。拿破仑诚此时代之大伟人也。彼以为自己之大功可成就。彼之行事，恰如战车之进行，车辙所过，虽破碎万事而不照。彼对家庭，犹不免有同情之泪，至其当国事，则无论如何残忍苛酷之事，亦冷然忍之。拿破仑不受人所施之仁惠，彼之办公事也，一依其所爱情而行，不枉正路。当其与敌遇，虽以如何之手段毙之，所不辞也。

“拿破仑之所建设，如以独力成一伽蓝，以彼为柱石，而支持伽蓝之全体，其基础甚虚弱而不巩固。彼所用之建筑材料，不过自其他破屋移来之古石朽木而已。如是之建筑，岂能久乎？”

拿破仑之气质风采，为此寥寥数言之所描尽而无余蕴。梅特涅之观察周到，大概如此。盖历史家之写拿破仑也，多见其半面而不见其全面，是以或则漫呈赞辞以崇拜之，或则谓拿破仑为恶魔为奸雄，骂詈谗谤，无所不至。惟梅特涅之心，冷静而不为感情所摇惑，不流于过激。故彼之批评拿破仑，不陷于偏颇，而能观察其全面，以下极公平之判断也。

第五　梅特涅为奥太利宰相

一千八百九年，奥太利与法兰西之平和复决裂，梅特涅召还维也纳。时伯爵司达董为奥太利之宰相。司达董虽非平凡无为之政府，而才不足以当奥国当年至难之政局。当此之时，奥太利屡为拿破仑之所破，国力大疲，瘠痍未愈。今者法军又来相攻，是岂非危急存亡之时耶？奥帝以为处此危机，奥国之诸臣中，有防祸乱安社稷之伎俩者，惟梅特涅一人，遂举梅特涅为宰相，赐位公爵。梅特涅既为宰相，其对法兰西之政策，一面设计迟延开战之期，一面抚恤疮痍，急整军备。时拿破仑与其原配如色馨所生之子死，甚以后嗣乏绝为忧，有娶奥太利帝女马利亚鲁易沙之希望。梅特涅乃乘机说奥帝以皇女劝拿破仑，而避法军之锐锋。

拿破仑之迎奥太利皇女，虽为名正言顺之正当结婚乎，实则借战胜之余威，以强夺皇女也。若奥太利之兵强力足，则必愤然排斥拿破仑之要求。无如拿破仑之权势，当年正达于盛大之极度。赫赫然如烈日之烧万物，凉凉乎如秋霜之枯草木。列国震悚，无敢抗其命者。夫何求而不得乎？彼既已为近世之凯撒，又以沙尔曼之后裔若奥帝之女者为配，岂不壮乎！彼所以欲娶马利亚鲁易沙者，非偶然也。鲁易沙既嫁拿破仑，配盖世之英雄，并车入威尔塞之金殿玉楼，受万人之仰敬，岂非有福人乎？就此结婚也，终非马利亚鲁易沙之名誉，终非奥太利之光荣。奥帝惟以畏拿破仑兵威之故，勉求其欢心，而送皇女于法国耳。名虽婚嫁，实则与献贡赋无异，是恰如以汉家之美妃嫁单于，为北塞之人同类也。苟马利亚鲁易沙具一片凉烈之气节，彼岂不得潸然泪沾双袖乎？惟鲁易沙轻躁无妇德，不以嫁法帝为忧，却欣然承诺赴法兰西。噫，鲁易沙生于万乘之帝室，恬然不辞为敌国之贡赋，岂不可羞？及拿氏既败，又翻然改适他人，情好不终。盖拿破仑与鲁易沙本非以正义结婚也。

以马利亚鲁易沙嫁法帝，乃奥太利之耻辱。梅特涅亦非不知之，特彼以为当时救奥太利危急之道，舍以鲁易沙许婚外无他法，故彼不得已赴巴黎，与拿破仑议婚。一千八百十年，马利亚鲁易沙遂遣赴巴黎。

第六　拿破仑之末路及梅特涅

梅特涅以马利亚鲁易沙姻婚之事，滞在巴黎。彼以炯眼观破欧洲之大势，谓人曰：明年（时一千八百十一年）之内，欧洲之平和，其不得不扰乱。当此之时，俄罗斯僻在北欧，未被法国之锐锋，而常暗授普鲁斯、奥太利以敌拿破仑。拿破仑深恨之，有一举破俄罗斯以席卷全欧之意，汲汲修战备。夫悬军万里，以临北地，此岂寻常容易之事业哉？非用意周到，准备完全，固难期战胜也。至一千八百十二年之始，拿破仑遂终不免于出师俄罗斯，梅特涅之预言验矣。

梅特涅以拿破仑之征讨俄罗斯为大失策。夫提孤军深入北欧严寒之地，一遇失败，四面有敌人起而包击之。法帝征俄之举，诚突飞无谋之轻举哉。达尔朗得力谏拿破仑不听，遂断然有辞职之意。当此之时，欧洲列国已无一国觉于法兰西者。波兰、意大利昔虽在法国保护之下，今则深怨之。普鲁斯眈眈俟时机，欲一报昔年之怨。英国尤深恶法国。于是法兰西孑然孤立，四面皆楚歌矣。而拿破仑狃于积年战胜之成效，转生倨傲之念。自思曰：余乃立于失败之军之外之人物也，而世人犹与余为敌，岂不可笑？噫，拿破仑之聪明，而抱如是之轻信，其举止进退，岂非危险之甚哉！梅特涅见拿破仑之倨傲，窃笑曰：枭雄之末路焉，不远矣。

梅特涅贺与马利亚鲁易沙合衾之典礼既终，直去巴黎，归假〈维〉也纳，密修战具，以为与国相见于战场之准备。彼以为第一当合纵列国以当法军，遂私飞檄于普国、俄国及其他诸小国，结合一致，说以抗敌拿破仑。曰：拿破仑一日不去法国皇帝之位，则欧洲一日不得保其平和。苟欲克复平和，保欧洲之安宁，到底非倾倒拿破仑不可。英之比得加司卢里，普之哈尔丁别尔，皆与梅特涅之意见相同。就列国多拘泥往事，连合之议，不易骤成。普鲁斯尤踌躇不决焉。盖普王威廉第三之性情，怯懦优柔，毫无刚毅不屈之资，徒惧拿破仑之威，而无与之为敌之意。却赖有硬骨有为之宰相思坦因与哈尔丁别尔、秀龙哈司托等，夙夜图谋，欲举日耳曼全国之力以当拿破仑。及哈尔丁别尔承思坦因之后为普国宰相，与梅特涅约缓急相应，于是普、奥之同盟遂成。

既而拿破仑果出师伐俄罗斯。而不出梅特涅之所料，绝世之枭雄，大败于莫斯科之原野，急引兵逃归法国。于是列国皆振戈起，法帝与之战于来布畿而败，绝世英雄拿破仑之壮图，徒归于水泡，凄凉脱帝冠，出国门，迁谪于地中海之一孤岛。

来布畿未开战之先，梅特涅见拿破仑，相语曰：阁下今尚欲举大军耶，抑平和休战耶，是在阁下之决心如何。阁下而诚欲休战也，则宜速去法帝之位，复欧洲列国之旧领地。当是之时，拿破仑尚拥有三十五万之大兵，战意勃勃，不能自禁，傲然答梅特涅曰：余宁战死，不能去位割地以求和也。梅特涅喟然笑曰：是阁下之末路也，余又何言！遂分袖去。临去，语拿破仑之部将卑尔提尔曰：君之元帅拿破仑大事已去矣。就梅特涅犹姑缓军期，以冀拿破仑之悔悟，而拿破仑之决意已甚坚而不可动，于是于一千八百十三年八月十日，媾和之谈判终破。烽火一朝报急，俄罗斯、普鲁斯、奥太利之帝王，皆来会于跌尔布里支，计划战事。自十月十六日至十八日之三日间，同盟军与法军战于来布畿，大破之。翌年四月一日，同盟军之君王及宰相入巴黎。同月四日，废拿破仑，谪之于耶蒙巴岛。五月四日，立路易十八，袭法兰西之帝位。列国之对法国，非敢破坏法国也，只欲毙拿破仑一人，以复欧洲之平和而已。故列国对法兰西不要求偿金，以宽大之条件媾和，许拿破仑在耶蒙巴岛每年受位国支出六百万法郎之金钱。于是欧洲之天地，始暂归于平静。

第七　维也纳会议及梅特涅

此会议名虽曰定欧洲列国之领土，以克复永久之平和，其实则将拿破仑昔年夺取之土地，复分割而还之于列邦也。会期始于一千八百十四年十一月，终于翌年六月。列国之群雄，尽集于一堂，实千古未有之壮观也。是会也，梅特涅实为议长，其光荣得意可知。在会列者，有普鲁斯、丹麦、巴巴里亚、吾尔丁别尔之四王，奥太利、俄罗斯之二帝，英之加司卢里，法之达尔朗得，普之哈尔丁别尔、思坦因，其他日耳曼列邦之君主来会者甚多，不遑枚举。梅特涅集一时之奢豪，张盛宴，催夜会，以乐此等贵宾。奥太利每日费一万镑。当时维也纳之宫廷宴会无虚日，舞蹈无虚夜，有名之俳优、乐师、舞妓，自东自西，皆来集会于维也纳。而主持接待之事，翔翔斡旋，礼遇贵宾者，实梅特涅其人也。余译史至维也纳会议，未尝不慨想梅氏之际遇，而想见其壮快之豪兴，为举世所希有也。

会议以十一月为始。其始诸列席者之间，无甚冲突，既而俄、普、奥、英四强国起利害之冲突，议论纷纷，无所归者，终至嚣然相争论。而法兰西之达尔朗得权谋百端，术策纵横，诳列国之君主宰相，以谋不伤法国之利益。盖维也纳之会议，为旷世之大会，而梅特涅及达尔朗得者，实其重要之主脑也。

然列国最利害之冲突，未有甚于俄帝亚历山大及梅特涅之激争者。盖俄帝渴望得吾尔沙大公国。梅特涅以为俄若得吾尔沙，是磨俄鹫之锐牙，以噬奥太利之边境也，遂断乎反对俄帝之要求。普王威廉赞成俄帝之请，已亦欲得俄帝之助，以求撒克逊尼。且列国之公使，畏俄帝之威，雷同表其赞成要求之同意，梅特涅之抗议，遂终无效。波兰之全土，尽归于俄帝之手中。曾称霸于东欧之波兰国，遂于世界之地图上一笔抹杀之。今日之征人，苟过吾尔沙之古都，孰不同情以洒一掬亡国之泪也。

俄国并波兰，则必至破列国之均势，梅特涅之断然反对之固宜。盖普、奥两国，自弗列得里克大王以来，虽常相敌视，然至欲防俄鹫之跋扈，则不当复兴区区之内争。故梅特涅欲借普国之助，以斥俄帝之要求。既尽周旋之力，而普王犹顽然不欲与奥国共进退，反助俄以成其志。梅特涅之苦心，遂终归于水泡。

次子俄罗斯而提出过大之要求者，为普鲁斯，普鲁斯欲得撒克逊尼之全部，及莱因河畔之要地。梅特涅、达尔朗得、加司卢里举全力反对云：若普鲁斯必欲遂此要求，则英、法、奥结攻守同盟，以三国之力当之。普鲁斯国小财乏，而久为拿破仑之所困，故欲得广大之土地，以为财源。俄罗斯虽欲助之，而势非奥、法、英三国之敌，是以普鲁斯不能不让一步，仅得回撒克逊尼之一半，而撤回最初之要求焉。

法兰西昔年依拿破仑之力获取之领土尽削，复回一千七百九十二年之旧状，实达尔朗得之力也。达氏机敏有大胆，巧于操纵列国，卒使法兰西之国威，不甚失坠。彼一面使普鲁斯及俄罗斯孤立，而构成英、奥、法之同盟；一面离间普、奥二国以杀其势力；更于他一面使南日耳曼诸邦与普国分离。其运动之机敏，谋计之深远，虽梅特涅亦往往惊叹不置焉。

奥太利所被许而领有意大利半岛中最良之土地，即龙巴尔爹、吾里司、巴尔马布拉圣驾是也。意大利南部内布尔司地方，昔曾归日尔曼帝加卢第五之所管辖，奥太利非不欲得之，奥之所以不垂涎于半岛之南部者，盖南部之地，管辖甚难，虽有之亦得不偿失也。

奥太利又得巴巴里亚之跌卢尔。

下为维也纳会议之所议决。曰：以尼跌朗得与和兰合并为一王国；曰：以内布尔司返诸波尔我家，以接罗亚为叶得蒙特之所领；皆是也。而日尔曼邦中之甚小者，皆合并之，新定为三十七邦国，以组织联邦议会统之。

当列国之君主宰臣等在维也纳纷纷争论之际，突然飞来一落瞻之新闻，曰：拿破仑自耶蒙巴逃归法兰西，再纠大军，以废路易第十八，将来与列国挑战。列国之君主宰相等，闻之皆骇然惊，遂即中止会议，抗议争论，戛然而止。再成同盟，以如云似锦之大军，向法兰西而进。与法军相遇于比利时国之滑铁卢，大败法军，拿破仑之大业，遂全委地。同盟军入巴黎，要求法国以四千万镑之偿款，留兵十五万占领巴黎。列国之君主在巴黎开议会，即所谓神圣同盟是也。俄帝亚历山大、普王威廉、奥帝佛朗西司实主之。欲借宗教之名，以压抑法兰西革命所鼓吹自由民权之思想，敌视立宪政治之梅特涅，亦在参与之列，且于此同盟之成立，甚有力焉。

第八　拿破仑战争以后梅特涅之内治政策

拿破仑既败于滑铁卢，被流于圣希业拿岛，欧洲得渐复平和。斯时也，梅特涅治理战后奥太利之政策如何？

日耳曼列国既困于多年之战役，民力疲敝，财货缺乏，贸易不行，工业衰颓。是时也，政府之困难，人民之疲敝，实有不可言者。梅特涅以为当时燃眉之急务，莫急于整理内政，以救治财政之困穷。而达此目的之法则，以预防战争维持平和为必要，遂努力保列国之均势，使无彼此相侵之忧。故彼于保守己国之领土、拥护主权之外，不欲侵犯他国，以扩张领土，只欲保现在之状态，以勉致天下之无事。而起一利不如除一害一语，实当时梅特涅司配政策之根本原则也。只欲保存事物之现状，勿起事，勿兴争，勿酿纷扰，是乃梅氏应用于万物万事之思想也。

一言蔽之，梅特涅之主义，实极端之保守主义也。梅特涅保守之精神太甚，故常不欲改革弊害，前极力与进步之主义相反对，惟曰保守现状而勿改革之。梅特涅诚反抗十九世纪之大势之一大怪物也。

梅特涅所最恶之进步思想，即自由民权之思想是也。梅特涅所最反对之改革，即废君主之专制以创设立宪政治是也。虽然，其奈自由民权之思想已充满于国民之脑筋何？其奈国民之希望立宪政治已不啻大旱之望云霓何？梅特涅如是，遂终不免为众怨之府，众人遂终不免以梅特涅为攻击之烧点，为诽谤之中心。夫梅特涅之失舆望，至于如是，而彼犹得晏然保其宰相之位者何故耶？曰：因彼最能得奥帝佛朗西司之信任也。佛朗西司固非聪明锐敏之英主，亦非刚毅果断之明君，至其信用梅特涅也则甚深，凡梅特涅之言无不听，凡梅特涅之谋无不用。奥太利一切内治外交之权，惟梅氏以一手握之，奥帝不过拱手听命而已。夫梅特涅之权力虽如是之强，而每事决不逆奥帝之意，而害其感情。每行一事，必先奏帝，经其裁可，而后实行之。梅特涅之用意周到，大抵如是。奥帝与梅特涅之交情，终始相亲，无一日之冷却，虽大失国民之望，而犹能保其宰相之位，不失荣宠也。

第九　梅特涅抵抗自由民权之思潮

是真守旧者，必有真见解。彼夫固保一身之尊荣，毫无真确之知识，忽而主守旧，忽而主革新者，小人也。即终身守旧矣，徒拘于现社会之风俗，而究无真确之知识者，亦非真守旧家。世界第一守旧家，莫如梅特涅者，真十九世纪之大魔王也。梅氏之毅然与进步改革为仇敌，而痛心疾首，恶自由民权之思想如蛇蝎者，良非偶然，彼固自有其真确之知识在。

梅特涅与自由民权之思想为大仇，故彼最忌国民论议政治上之问题。彼谓国民只可吃烟草，饮醇酒，热衷于歌吹舞蹈，为快活之笑谈，而不容彼等喙于政治。以论议政治问题，是徒酿纷扰，起骚动，危险实甚。故梅特涅虽好跳舞之宴会，而最忌政谈之会合，最恶政治之俱乐部，最厌处士之横议。彼虽知国民之脑髓，断不能禁其不司配政治之思想，而欲禁彼等之思想不发表于外部，以传于公众。彼以大学为自由主义之巢窟也，故最嫌之。苟讲师、学生有倡民权之说者，则直放逐之不少贷。彼谓国民之对于国家，决无权利，谓负债其必不可逃之义务耳。彼最忌者为新闻纸、杂志之属，务制限出版之自由，而束缚国民之言论。当时欧洲诸国之政府，虽因法兰西革命之反动，而其尚压抑专制之政策而皆无及奥太利之甚者。梅特涅于政治上固敌视自由，于宗教上亦敌视自由。彼最恶耶稣新教，而信加特力教。盖束缚人民之思想，夺信教之自由，固加特力教之特色也。压制之与加特力二者，殆异名而同体，故梅特涅务借加特力教之力，以为政治压制之后援。于是彼召还“接休特”派教徒而保护之，亲教皇，赂僧侣，以供贯彻自己政见之机关，禁止民间所立之圣书研究会。彼谓人民读圣书，徒生几多疑惑几多误解耳。噫，梅特涅不惟束缚国民之思想，且束缚国民之手足焉。至是而奥太利之国民，无不恶梅氏者。群视眈眈，皆欲得一旦之甘心矣。

至一千八百十九年，日耳曼一戏曲作家名可兹布者，在蒙谦被暗杀，于是梅特涅之压制益加甚。盖可兹布谓俄帝亚历山大之君主专制优于立宪政治。先是亚历山大颇怀抱进步之思想，施仁政，布普通教育，与人民甚多之自由。梅特涅至目之为“支可宾”党（法兰西之革命党）焉。然至拿破仑既败，而亚历山大之意见思想全一变，纯然为保守压制之君主，与普王、奥帝相合力以压抑自由民权之逆潮。可兹布以亚历山大为善变，美其有专制之思想，而作一戏曲以嘲弄民权党。奥太利之国民见而大愤之。时维也纳大学有一神学生名三多者，自谓信神言以卫人道，刺杀可兹布。此刺杀之事，忽传布于四方，欧洲诸国之人民，骚然蜂起，欲大兴自由民权之争战。于是诸国之政府，益用压制之手段，束缚言论，禁止新闻纸之发行。志士下狱，谈客论罪，益努力以压抑自由主义。奥太利既在梅特涅之手下，其人民之被压制而全失其自由，更不可知矣。

当是之时，日耳曼列邦自由主义及专制主义之冲突日益甚，意大利之尼布尔司有烧炭党兴，爱自由民权。一千八百二十年七月，其徒党蜂起，迫国王，要立宪法，与人民以参政之权。梅特涅闻之大惊，谓是为革命之导火线也，不可不速镇压之。遂开大会于特鲁布，奥、普、俄之帝王、宰相咸会，议以兵力讨尼布尔司之革命党，三国之君主皆以同意承诺之。奥太利及俄罗斯合军十七万人入尼布尔司，烧炭党忽被镇压。于是尼布尔司之王，益逞压制，陷人民于倒悬之苦。国中之狱舍，几皆以国事犯充满之。志士之呻吟于黑暗铁窗之下者，声不忍闻。呜呼！暴政酷治，至于此极。当时之欧洲诸国，殆未有其比伦，而所以致尼布尔司王有如是之压制者，则梅特涅其人实其主动力也。

一千八百二十一年，希得蒙特之革命党起，欲将此部意大利脱奥太利之羁绊，然不久即为奥、俄之所镇压。革命党之计划，空归于水泡。于是意大利遂全为外强之所压伏，自由民权，黯然绝踪矣。专制之君主，气焰隆隆，诚极一时之盛哉。而梅特涅者，不惟压抑奥国之自由思想而已，且束缚外国之自由思想焉。夫奥、俄、普三国共结神圣同盟，其活泼之主动者，即梅特涅其人也。梅特涅之压抑手腕，其强力为何如！

第十　梅特涅之意大利及汉罗巴旅行

梅特涅既借神圣同盟之力，以镇压四方之革命党，自谓欧洲之山河，可从此无事；自由民权之种子，难再发矣。遂聊偷日月之闲，以休养身神。于是彼先游罗马，次游汉罗巴。汉罗巴王古尔家第四厚礼迎梅特涅。优待厚遇，无所不至。且有献赞词以相颂者，比之为凯撒、撷德、古司达夫、亚多尔夫、马尔波罗、彼得惠灵吞诸杰焉。

梅特涅既而归维也纳，途次暂留于已所领采地若恒尼司别尔，以避尘纷而养心神焉。既而游弗朗弗托，巡视其五大学，大学生莫不欲瞻此专制宰相之风采，争追从梅特涅之车后矣。

第十一　梅特涅之失败及晚年

梅特涅之权力，今已达于强大之极点。欧洲大陆之列国，莫不从彼之意，压抑自由民权之思想，防遏改革之运动。虽然，当十九世纪之上半期，革命之运动，乃欧洲之绝大潮流。波浪如山，拍岸而下，此岂只手之可得支持耶？梅特涅之势虽强，亦何能抵抗此大潮流也。果然，梅特涅失意之时代不远矣。

世界上之奸雄，苟终得意，则人孰不乐为奸雄？世界离奇之事，固多有出于奸雄意计之外者，于是而奸雄遂不得不败。一千八百二十二年，西班牙兴革命。翌年，希腊之国民举义旗谋独立。是二者，皆梅特涅之力所不能防遏也。彼非不欲援土耳其以镇压希腊之独立党也，苟助土耳其，则必大害俄罗斯之感情，而所谓神圣同盟者将瓦解，此其所以不敢讨希腊也。当时之俄罗斯极力谋所以约土耳其者，而甚欲希腊之独立。是其与梅特涅之政策适相反。而梅特涅既无与俄罗斯为敌之势力，遂终不能不任希腊革命党之成功。鸣呼！梅特涅之恶革命也如彼，梅特涅之长于外交政策也如彼，亦终有意气不伸之一时乎。

继希腊之革命而兴者，为一千八百三十年法兰西之革命、尼跌朗得之暴动、日耳曼列邦之统一、波兰之叛乱。欧洲大陆之大局面，遂尽陷于革命运动之大涡中。梅特涅惟有旁观叹息，而莫如之何。当是之时，梅特涅之心事，感慨愤叹当如何！

欧洲各部革命之运动，虽如此其盛，而奥太利犹侥幸为梅特涅之铁腕所镇压，人民无敢起革命者。然亦终不得不革命也。其后十八年，自由民权之大潮流，如乌云卷空，向奥太利之方面而来。一千八百四十八年，维也纳之市民蜂起逼王宫，要求立宪政治之创建。奥帝惧祸，与梅特涅偕逃出维也纳。鸣呼！是实空前绝后大策士、十九世纪压制民权之大魔王、奥太利熏天宰相梅特涅之末路也。

梅特涅既去维也纳后，退隐于若恒尼司别尔，以终天年。奥太利之国民，度量甚大，亦不深究其往罪，而任其保全首领以没于地。

第十二　梅特涅之私生涯

以双肩荷国政之大任者四十年，以其意思为奥太利之法令，以其所言左右欧洲大陆列国之君主，擅制压抑之主义，充塞于脑中，开口必唱导压抑自由、打破民权之议论。鸣呼！是实梅特涅一生之经历也。梅氏之臭名，常遗于历史，必共此世界而俱不朽，而供万世人类之所唾骂，夫复何疑？彼以无上强大之权力，加大压制于国民之头上，是以世人之读梅特涅传者，必私揣梅特涅之性质，必傲慢、残忍、苛酷，而孰知不然。此等揣测，皆愚者之妄想，而非梅特涅之真面目也。梅特涅之真面目则何如？

梅特涅者，温和恳切之人也。能爱人，能容众，其言语举动，毫无傲慢不逊之念，故梅家之婢仆，莫不爱之如慈父。非温厚慈祥之人，孰能如斯？奥国之皇帝皇族，莫不视之如兄弟友朋。非谦逊不傲之人，孰能如斯？彼之举止闲雅，谈笑快活，非由其外面之所装饰，性质同如是也，一言以蔽之，梅氏之性质行为，乃真个绅士之好模范。是以视梅特涅为一公人也，则必为万人之所憎；视梅特涅为一私人也，则必为万人所爱。

梅特涅能重己之责任，而断接尊己之所信。每办一事，则必举全办注全力以赴之。当其任外交之局，而与列国之使臣相会同也，往往日费万金，极人间之奢豪骄侈，是乃出于国家之公事，故不得不然。至其平居饮食，则质素俭约，毫无虚饰浮华之风。彼之所嗜惟音乐，舞蹈、演剧之属，乃彼心之所不好。彼具天然优美高雅之性质，故甚爱美术；又以为人工之美术，不如天然之好，其心性之质素高尚可见也。彼又颇好学问，稍有余暇，则直入图书室，静心读书，视为无上之快乐。其所藏之图书，至有一万五千余部之多云。

梅特涅之与外交家相会见书，常阴险而不以肝胆相照，虽一世之奸雄若拿破仑者，彼亦能欺瞒之。彼天然有冷静沉着欺人之伎俩，无论何人，皆不能洞观其真心。然是特外交家之梅特涅而已。至于个人之私交，则梅特涅常披肝胆相谈笑，故只见公人之梅特涅，而不见私人之梅特涅，决不能了悟彼之真面目也。

梅特涅之显荣无所比，富累钜万，而彼之私生涯非有圆满之幸福者，是或亦压抑民权自由之自然报应也。彼相踵亡二妻一子，其胸中岂能免悲痛惨怛之情耶？当其第二妻之死时，彼与人书曰："余此度之不幸，悲哀不自胜。噫，余之望尽矣，万事止矣。余所最爱之妻子，相续往天国，而余孑然一身，独留于尘世，将何所为！余赴天国之期亦不远矣。今所以强除胸中之忧闷者，王事鞅掌，不能辞卸，虽万感塞胸，其奈之何？余自早晨九时向机，至午后五时小憩，至夕六时半再向机，自十时半应接来客，以至深夜焉。"观此则梅特涅失意落胆之状可想见矣。盖梅氏之对其家族也，最为亲切温和，爱妻子女，敬两亲。以若是之人，失其二妻三子，夫何能免于悲痛惨怛也？

梅特涅第二妻死后，复娶一公爵家之女，交情颇浓云。

梅特涅虔敬之人也，最热心于加特力教而善守僧侣之教规。虽梅氏不能脱罗马教之弊害，而归依新教，然其心诚虔，无寻常罗马教徒之污行丑为，故梅氏信仰心亦有足多者。

结　论

论曰：梅特涅之公生涯及私生涯，若是其相反异哉。梅特涅者，孝亲之子也，爱妻之夫也，爱子之父也，忠君之臣也，怜婢仆之主人也，重职任之官吏也，忠实敬神之信徒也，善交朋友之礼仪人也，机敏大胆有勇善断之政治家也。彼之所长多矣，徒以富于保守精神之故，反对改革，抵抗自由民权思想之大潮流，果不免于失败，而为万世之所唾焉。夫梅特涅之治绩，非鲜小也。彼能忧国民之家困，防遏战争，维持平和，振作商业，奖励工事，整财政之紊乱，谋国帑之充实，然此皆物质上倾向之思想也。至于智德上之所贡献则不然，彼最恶哲学，缺理想，妨止日耳曼政治思想之进步者垂四十年。虽然梅特涅固十九世纪之大魔王，亦终不失为空前绝后之大策士、大外交家。梅特涅岂非一世之大伟人哉！大丈夫之处世，不留芳百世，即遗臭万年。梅特涅之丑名，诚千古不能泯，其美名亦固自不可掩也。世之来者，若私德，若天才，万万不及梅特涅，而欲袭梅氏之皮毛，务与自由民权之大风潮相反对，岂非画虎不成反类狗，何太不自量也！呜呼！

（原载于《政法学报》癸卯年第四、六期）

自然哲学·说热

何为热　热为微细流质之说　热为力的变体之说　计工法尺磅　马力　力之分类　隐力与显力　力之互传及力之永存　热者力之一种变象也　量热法

以手近火，或入沸水，皆使人有热之感觉。引起此感觉之动力，即“热”也。自物理学之兴也，“热之性质”久为“自然哲学家”Natural philosopher所研究之一理论。十九世纪之初，学者皆谓热为物质Matter之一种。热无重量，故与其他一切物质不同，而为极微细不可称量之一种流质。但此流质能广布徐入于组织物质之原分子之间，而由热体以入寒体。此理论大为其时哲学家所信用，然不久即弃去。因热量无界限，虽极寒之体，聚而磨之，亦能生热，而传之于他寒体，故是微细流质之说不可通。

至一七九九年，大卫Davy发明一理，曰：“物体因磨生热，但不因是灭其生热之能力。”大卫用器阻外热入，而使二冰块相磨，以至化水，又用法试知此水生热之能力，不惟不减于原冰，且反倍之。若依旧论，则水必比冰之生热能力少矣。于是旧论遂全失败，而大卫定如下之结论曰：

热之原因即动motion，而热即力energy之一种变体也。

由大卫之说，可知热即力之变体，而可定如下之界说：

力者，作工之权能也Energy is the power of doing work。

所谓工者，即胜过一定地位之阻力。而计工之法，即阻力之量乘其所胜过地位之长。

以例明之，如自平地起重，而胜过地球吸力之阻。如所起物之重为一百磅，而起高能离地为三尺，即得：

所作之工=100磅×3尺=300尺磅

英国计工程之单位曰尺磅foot-pound。尺磅者，即起一磅重之物离地一尺（即胜过地吸力一尺）之工也。

于一定时间以尺磅计所作之工，有马力法：

一马力者，即于一分钟间起三三·〇〇〇磅重至一尺高之力是也。

反而言之，一马力者，即于每分钟间起一·〇〇〇磅重至三三尺高之力是也。汽机计力之单位，皆以马力。

任计一汽机之马力，其公式为：

$$\frac{h \times r}{33.000 \times t}$$

r=以磅计之阻力。

h=胜过阻力以尺计之高。

t=作工所经历之分钟数。

作工不限于起重也。有如车行平路，其阻力为路面触轮及轮自触其轴，但其计工之法，与起重同，因其离地位胜阻力之理同也。

作工有须胜阻力者，有须胜惰性Inertia者，有如列车之行于平直铁轨，不受触磨。如欲其由静而动，则作工之力，惟在胜过其惰性而已。此其计工之法，为列车之重量乘其能行过之路数，即胜过轮轴相触及空气阻力之工也。

力为作工之权能，既如上说。然力之存在，固分多途；有如发条Coiled spring驱钟表使之运行，是力存于发条也；有如滑车贯绳，绳之一端悬重，方其垂时，可起他重，是力存于绳端之重也。然此皆静体，其在动体，则如铁道列车，运重行远，是力存于列车；来复枪之发射，速力及远，可贯数寸铁甲。四者皆马力之所存，而不同类。前二者自为静体，而能作工。发条之力，本于各机条之辏合；滑车之力，本于地球之吸引，其力皆谓之隐力Potential energy。后二者反之，其力本于自体之动，谓之显力Kinetic energy。

然物体大抵具此二力，有如绳端之重下降，即具显力，因自动故；方其动时，仍具隐力，因能续动故，每坠一尺，其显力加。于此同时，其隐力减，以至坠地，显力至极。于此同时，隐力消矣。于是一切隐力，变为显力。且当坠地之时，显力之数，恰合相等于其初始所具隐力之数，而坠地之重，同时引起他重与自重等；且他重引起之高，与自高等。由是可知此重坠地，即有速力，还送本重于其原处，但其体有别耳。而是别体既被引起，即后具有隐力，与原体等。此理谓之“力之互传”Transmutation of energy。为力本同，托体则异，又谓之“力之永存”Conservation of energy。力之永存者，谓原力不增不减，不生不灭，惟因物体变迁，而互相传也。由是可知重体之力，与地球之力，其为类虽变，其为量不改。于力学书可以算理设证，且于一切场合，可因等实验，证此理之为普通真实。

据力学之理，阐大卫之说，可知热者，即物体极微分子之特别动状也；且既知物体既动，即能作工，因自具力。则热者，乃力之一种变象也。

大卫所定热之界说，其可信之理由有三：

1. 热不可为一物质。因物质必有界限量数，而热可以机械磨触诸法生之，乃无界限量数者也。

2. 热过无物，惟余所作之工。大卫磨冰之事，既如上论。又如以槌打击金片，数回之后，二者渐热，若以渐小金片，剧力击之，数时之后，手触金片，必致烧伤。又如铁工以槌击铁，可致通红。水流下坠，盛之以不传热之器，则其水于后渐热。气体亦能生热，如以易燃火绒，置于圆筒，以活塞忽下击之，空气被压生热，火绒即燃，可知热生于力，力变为热也。

3. 由热作工，工之既作，热全不见。有如汽机，火既传热于水，终乃化汽，以入汽筒Cylinder，以动活塞Piston。若注意量之，初量其化汽入机时之热，次量其离凝汽器Condenser为热水时之热，三量作工时因各等法失去之热，然后二者量得之热量，终比初入机时之热量少。则其热究失归何处耶？此无他，机械所作之工，即其所失去之热量也。

由此言之，热即力之一种变象，无可疑矣。其象若何，即物体极微分子之动是也。若夫明热与工之关系，而计若干量热，可作若干量工，则当知量热法。

入手于寒水及沸水，其所引起人之感觉不同，因其热性异也，亦曰：热度temperature。当手入沸水时，热即离之，而传入于此比较更寒之手。反之手入寒水，热乃离手而传入于比较更寒之水。热之去就，惟视两体相和所具之热度若何。而任一物之热度，即视其与他体和时传热之能若何而定。

若是以二物和置，离去一切他物，而互传其热。若此二物皆不失热，则二物之热度等；若二者之中此物失热度，彼物得之，则此物之热度，高于彼物。

热度高之物体，其膨胀expansion亦大。量热之法，可用第三物体，与第一物体相和，计其增涨，知其正确之热度。又与第二物相和，依同法知其正确之热度，其膨涨最大者，其热度最高。依是设计，作寒暖表thermometer。

（原载于《政法学报》癸卯年第七、八期合本）

世界第一爱国者法兰西共和国建造者甘必大传

第一章　布丁之狱

一千八百六十八年十一月十四日，法兰西之深Seine城裁判所第六法庭，拘数名之新报主笔，会讯之。标其罪曰：“是将害公众之平和，而图不利于政府，故政府问其罪。”先一日已会讯，实非常创例也。是日有辩护士名克雷迷司M. Bremiense者，年老名高之政学家也，以无穷之辩才，辩新报主笔之无罪。至十四日，又有辩护士名阿拉苟M. Arago者，亦年老名高之政学家也，辩新报主笔之实无罪，其热心与克雷迷司同。其言初毕，一少年起立，慷慨辩论新报主笔之无罪，而朝廷之诬陷无道也。其言论雄烈，义愤充塞，不惟同时之雄辩家所不能道，亦法兰西自来历史上之雄辩家所不能道也。此少年为谁？实前此法兰西政海上一默默无名之英雄也。

欲知此会讯之所自来乎，不可不远溯其于一千八百五十一年法兰西政变之大案，即世所谓权力与正义战之大案也。

一千八百五十一年十二月一日者，实拿破仑第三一击打去法兰西自由之大纪念日也。是月二日之晓，有代议士十六人，皆爱自由而与拿破仑第三反对者，被捕下狱。及天明，巴黎人见补尔奔Pulais之墙贴告白曰："告我法兰西人民。"其词曰："国政已乱矣，民党已退矣。今日此巴黎之危急，如在围城之中。前此法兰西之总统，将变为威权无对之皇帝。上自大臣代议士，下至军人巡查，无非拿破仑之犯人。呜呼！法兰西之自由死，法兰西之国家亦将死。我国民其将何以自处？"巴黎之人民既读此告白，知法兰西之巴力门政体已倾，犹愉愉焉或商于市，或工于肆，以为法兰西固无恙，无深思国家未来现象之可惧者。斯时之民党，既无军器，又无人民之协助，徒然一愤，将何所为？初二日之晨，代议士散众于四方，而不能结一大团体。有往补尔奔宫者，补尔奔宫固寻常议士会众之所也，是时有大军屯众其间，议士被逐而出。至十一下钟，正义党聚于地方自治所之旁者，凡一百五十人，卑利尔Berryer实为之长，率众而进，大呼曰："鲁意拿破仑去我共和总统之彼矣！推翻人民代表之政体矣！"无何，兵卒从对面来，铳声隆隆。正义党之已死者，染血于通衢；其尚未死者，投身于囹圄，正义党人已矣。是时法兰西有所谓左党者，亦曰急进党。其数尚众，睹法国目前之现象，迫于自然之天职，亦激众以抗拿破仑。当时巴黎之人民，已久安于平和，孰从此徒手之忧国名士造反者。初二已过，初三之晨，左党聚者及新闻主笔凡二十五人，至富布尔Faugbong Saint of apataine劝其工人反。工人犹记一千八百四十八年之役，因无军器致败衄也，辞焉。其中有一百八人来从，又欲选取小儿以充军数。无何，兵卒来，此可怜之爱国者，徒手不能敌，急作障以自保。二人之来从者皆逃，曰孰为二十五佛郎杀神者。其中有一人大呼曰："吁！

是为国家，非为佛郎死也。请少待，我将为二十五佛郎杀身。”此人之名曰布丁，留不去。是时留者凡十五人，其中八人为代议士。布丁者，代议士八人中之一也，兵士既来前，布丁死，余十四人皆死。呜呼！布丁竟为二十五佛郎死乎？

人孰不有死，未有死而善于布丁者也。布丁诚死矣，当其时视之岂非虚死无益乎？其所保数尺地且为兵卒所夺，同党十余人，尽为兵卒所杀。虽然，一千八百五十一年为国流血之令名，常流于此绕日环行之地球。布丁之义名，传为法兰西爱国之佳话。如布丁者，可谓得善后矣。

时运循环，世事变迁。鲁意拿破仑观于法国之时势，知其帝统不可以久保，徒流志士之血，不足以尽寒国人之心也，遂交欢于俄罗斯，而挫奥士特利亚，建意大利之一统。国人一时狃于胜敌之功，亦渐忘其政体之为何一种类矣。无何，至一千八百六十七、八年之间，而时事又一变。法国在墨西哥之政策既失败，国中革命之议论渐兴。是时也，普鲁士既败奥士特利亚，有一跃而攻法兰西之势。鲁意拿破仑知其朝廷之不稳也，稍与人民以自由，欲结其欢心以自固。印刷之禁稍宽，从前所禁止之议论，一时流行而无所阻。有某新报主笔曰：既望吾党之议论，从此更能自由。主张共和之党，到处说人以复回自由。复回自由者，非翻现今之帝政，以报前日虐杀之仇是也。当是之时，有京格拉克Mr. Kinglake者，著一书，名《克里米（土耳其地，英、法联军与俄罗斯战于此）战史》History of the Crimean War。书中多记一千八百五十一年之事，厥后鲁意拿破仑之无道。然因其书为英文也，故读者不多。同时有退娄者M. Tenot著《为国流血纪念史》，写布丁爱自由爱国家杀身之事，鲜血淋漓。时一千八百六十八年，距布丁流血之岁已十七年，法兰西已久受帝政之苦。后起之少年，读昔年之历史，睹当时之现象，莫不悲愤流涕，恶鲁意拿破仑之专横者。及退娄之书出，一时纸贵，几至家置一编，其价值与圣经等。倾覆帝政之思想几遍植于法国少年之脑中。法国之俗，凡人死之当日，曰灵魂日。十二月之初三，实布丁之灵魂日也。一千八百六十八年初二，距布丁之灵魂日不远，法国少年结队之孟特马特尔Montmartre，以寻布丁之墓。布丁既惨死，仓卒野葬，无知其墓之所在者。布丁之友某，年已老矣，识其墓，指示众人。寻墓之少年，悲布丁之死，而法国之自由遂死也，既得其墓，莫不痛哭失声，演说布丁之往事。众哭老人亦哭。数点寒鸦，一丛衰草，布丁之酣卧既十七年矣。众人哭既止，皆亲撮土筑墓，立表记而去。新报馆闻其事，皆争先记之，并详记众少年之演说。数旬内之新闻纸所记述者，莫不有布丁之遗事，且登告白集金特建布丁之留名塔焉。

布丁者，何人也？爱自由爱国家流血之奇男子，而实当朝法兰西皇帝鲁易拿破仑之仇人也。筑布丁墓立留名塔，是直与鲁易拿破仑下宣战书也。布丁之留名塔尚未筑成，法帝之敕谕已下，谓寻出布丁坟墓之人，及新报记录布丁之主笔，皆立拘入法庭问罪。新报馆不为之屈，且于布丁之外，又及卑利尔（见前）枉死之事。政府以为断不可不有以惩之也，遂兴一千八百六十八年十一月十四日之狱。是即此无名少年初显其大雄辩之第一日也。

是狱也，旁听者甚多，两造争论之际，忽于众辩护士中，见一少年兴起发言。此默默无名之少年，众人前此固莫之或识也。

少年曰："变政杀人，岂非极野蛮之国中乃有之乎？我法兰西国非世界上之文明国乎？非已有政治组织之国乎？而乃托名为保公众之安宁，以破坏国律，倾覆宪法，反指保国律护宪法之爱国者为有罪而致之于死，是何说也？其有以语我未？"

众人见一少年发言，平平莫之奇也。及闻其沉痛之言，视其愤激之气，则莫不相顾愕视。少年更大呼曰："记之！记之！汝犹记十二月初二日之事乎？十二月初二日之事，何事也？此我法兰西极重要极光荣之事，凡我法兰西国民孰不当留心记之？我法兰西国民既渐忘之，此我国民之羞也。退娄重提出其事，诸新报亦重提出其事，是爱国者应尽之责任，何罪之有？谓诸报馆之言为伪乎？则莫不真。此事去今不过十七年，我国民多能识之者。十二月初二之事，不知流我爱国同胞，几多颈血，几多眼泪。此颈血眼泪，为何事流？非因爱法兰西之故乎？谁莫非法兰西之国民，谁则不当爱法兰西，谁则不当爱爱法兰西者。杀爱国者，非国之福。谁则不知杀爱国者之人乃危国，乃国之罪人。谁则不知爱国者因保国律护宪法之故，以杀其身。至于今日，我国民谁不当尊敬之，纪念之！诸新闻报之主笔尊敬爱国之人，纪念爱国之人，无可加罪之理。记之，记之！十二月初二流血之爱国者，无势无位无名，从容就义，自陨其首。非爱国者，谁能如是！"

听者是时皆静无哗，惟此少年之声，碎碎然振窗瓦。人皆以为是米拉布Mirabean（法国革命时代之雄辩家）复出也。少年更言曰："记之，记之，十二月二日之事！花团锦簇之巴黎，化为枪林弹雨之战场。热心爱国之国民，化为穿胸断足之奇鬼。汝谓天下之公理，可为一二小人所永远埋没，终不复明乎？我则不信。今日者，又将蹈十二月初二之覆辙乎？昨日之会讯不已，今日又会讯；今日之会讯不已，明日又将会讯。日复一日，汝将何所为？汝将何所为！我今有一言明白告汝，汝其听我，公理不可埋没也。一时埋没之，过一时则又明矣！一国之人不可尽欺。一国之人虽可尽欺，其如天下何？若伦敦，若柏林，若纽约，皆有人明目伸笔，以断汝我之是非。我劝汝休矣，不必又兴冤狱，诬杀无罪矣！

“法兰西主治者之专横亦已甚矣，宪法之废于今既十七年矣。凭一人之私意以断万几，我国民之血，不知虚流几何？我国民之财，不知虚费几何？我国家之光荣尊贵安在？万国之论者谓法兰西力专制之帝国，谓法兰西之国民，为专制国之国民，岂不羞乎？今日法国之财政困矣。元气耗矣。主治者犹不知羞悔，尚欲多杀无罪，欲于法兰西历史上，添无数国民之大纪念日，又何必乎？十二月二日，非已为法兰西历史上国民之最大纪念日乎？亦已足矣！汝欲年年杀人，年年为国民留大纪念日乎？我恐其不能。我敢信我国家终有人道复明之一日，终有人人平等之一日，终有人人自由之一日！”

少年之言既终，原告默默然不能出一声。少年之声，轰轰如雷霆，如狮子，如汤泉。反对者慑缩震恐，欲有辞以答之，无奈期期艾艾，不能成一辞，且怒且愤，忽起忽坐，欲有说以驳之，而终不能，徒怅惘而无言。新报主笔遂释不受罚。是时旁听之共和党甚多，皆被告之友也，闻少年之雄辩，欢喜无限，一字一句，皆自己心中欲说未说者。少年之词既毕，趋近而抱其腰亲其嘴者无数，欢声雷动，法庭皆乱。少年在法庭之说甫终，而巴黎遍市之新报馆已电录其辩词，摇惊铃遍处传之矣。巴黎人竞买读之，不过二十四点钟，通法国遂无处不传遍。前此默默不知名之少年辩护士，至此日虽曲巷之妇人小儿，无不津津乐道其名，其人为何？即倾覆鲁易拿破仑，开法兰西第三共和政期，左党领袖、世界第一爱国者甘必大其人也。

（原文未完）

（原载于《民报》第1号）

帝民说

予读西方政书，每遇一名词焉，已数见不鲜。在西方为陈腐之学理，而既本之以挫弃君权，改厘政体，为十九世纪革命潮之起源。今东方诸国，沟犹鹜儒，初闻其说，方将信将疑，舌咋目眩，或亦语之不详焉。此名词为何？曰帝民Sovereign-People。此名词之发源极远，而卢骚最详阐之。

卢骚最有力之言曰：个人者，帝权之一部分也；帝权者，国家之一部分也Comme membre du Souverain envers les particuliers, et comme de l'Etat envers le souveraln。又曰：帝权非一私人，而以通国中之个人组成之Le souverain，n'état forme des particuliers qui le composent。

卢骚尤常称曰："予既生于自由国（指瑞士之日内瓦），而为一公民，为帝权之一分子也。" Un citoyen d'un etat libre et member du soverain。

（皆见所著《民约论》。今中国译本，无一语能道其义者，且全书无一段与原本符者。译者固不知卢氏所谓，读者亦不知译者所谓也。）

由是言之，帝权为个人之总体，个人为帝权之分子，故人民即帝王，帝王即人民，不可离也。吾国旧政学家，谓帝王为天子，为至尊；人民为庶民，为下民。呜呼！渎亵至尊，犯上作乱，其罪盖不可胜诛也。

自卢骚之说兴，而欧美道德、政治、法律、经济、哲理之界中，遂常袭用此帝民之新名词。十九世纪大革命之炸裂弹，乃轰轰然震人耳膜矣。

法兰西当鲁易十四时，政府之专制既达极点，战祸屡兴，工商凋敝。贵族僧侣，享有特权，人民殚力以供无报酬之重税，既苦且罷。重以屡朝君臣，多行不义，人民皆怨。当是之时，忧时诸彦，多著书以倡人群幸福之说者，谓不当以多数人为少数人之奴隶。而其燃革命之火光，倡社会契约之新说，为新世界开辟之探险家者，实卢骚戎雅屈。今之真知卢骚，输入其真理于方醒之中国者，乃自予始也。

梅因Maine著一书，名《古法律》。其评卢骚曰：自一七四七年至一七六二年，实卢骚之著述时代，其书出而人群之智识丕变。自有历史以来，文人著书之势力，未有若是其巨者。梅因诚能知卢骚者哉。

卢骚著《民约论》，倡帝民之说。以为国家之活力，当以人民之公意直接运动之，而图普社会之公益。帝权者，由人民而后有，人民所不可自放弃者也。帝权即主权也。主权在人民之说，发生虽早，然至卢氏始明白抉出之。其风潮之初起也，为一七八九年之法兰西大革命。人人倡公众自由Popular freedom之说，全欧效之。文明之世界，遂新始出现矣。

今请叙卢骚学说之渊源，以明帝民说之所自出。

卢骚之学，实独得于希腊柏拉图、亚里斯多德之遗说，及希腊罗马古制之影响。然希腊、罗马之古政，每以国家为重，个人为轻，故其时之所谓公民Citizen者，所有人权极微，服从舆论，奉受国教。柏拉图、亚里斯多德之书，亦仍缘希腊国制之遗影而不改。公民者，固帝体之一部分，然能享公民之权者，惟国中所谓自由人Freemen之一贵族级而止。其服工役为奴仆者，皆毫无公民权也。

帝民说之始发现者，当推柏拉图。苏格拉第谓人民不可不顺从政府，法律虽恶，不可逃囹圄而去，惟安受其不正之裁判而已。依是说，是人民乃奴隶，非帝王也。柏拉图出，乃以为社会及国家，皆相交辅相需赖而后有者也。因孤独索居，必不能应人欲之所求，故合个人而成社会。柏拉图论公民教育之制，略与卢骚之尔米勒Emile同。

柏拉图主公妻公产，其论高远而不可实行。亚里斯多德作政治学，始根极于纯正之科学，而归诸实际，始以政治与道德分离。其言曰：人常为私欲之所束制，而理性不足以敌之，必须国家教育之裁制。如斯巴达然，但政治之社会，建立已固，则更不需裁制为矣。国家者，兴民德最要之社会也。个人最高尚之幸福，及完全之乐利，将惟国家是赖，故必须有更良之宪法，及至当之立法制度焉。然国因家而成，合数家而成一村，各有血脉之关系，故当顺从数家最善良之长老，合村成国。国也者，天然独立自足之有机体也，个人及家族发达之最完全者也。国家为全体，个人为分子。所不同者，家族服从于家长，国家之政府，既定宪法，其人民自由，而各自与主治者平等。人之所以必相合成国者，盖人本自然有合群之性，而又为互相益利之所驱迫故也。质而言之，人也者，自然之政治动物也。政治集合，同天然之势，而最初必有特别之人出而为之。

立国所以与结公司不同者，公司既集，亦可任意分散之，而国不然。野蛮无城郭之人，无道理以相集，而公民不然。国中之人无限，其才各不同，相聚而各出其才，各司其职，而国家成立，有力以保固安宁矣。柏拉图已发明国家如一身体，各分相合，以共达公同之目的。但柏氏主公产，亚氏主私产，其是非今尚未易定也。

亚氏分政体为三：曰君主、贵族、共和。其变政体三：曰专制，曰少数，曰民主。是以权在一人、数人或众多人之手分之，又以其目的在利少数或多数分之。然无论何种政体，皆有行政、立法、司法之三部。所谓公民权者，非谓其徒居于是市，而有地方权已也，必其有裁判权及服官权之谓也。众人虽愚，然比之少数者必更贤智。最善之政体，在使平等社会不甚贫、不甚富者管制政权，因其数居多，其理解之力必优也。一国之主权，必以公民之多数操之。民主建国之基，在使人人平等，而重各个人之自由。人人可被选举为国之主治者，主治者管制被治者，被治者亦管制主治者，而人民永宁矣。亚氏之说，实与帝民说合，但谓以中等贵族主治政府，其义仍不免于狭耳。苏格拉第、柏拉图皆以民主政体为非善。柏拉图谓立国当如希腊之小市然，其大仅足独立，其小可以使各公民相熟识亲爱。此皆非今日之通论也。

（原文未完）

（原载于《民报》第2号）

《竞业旬报》序

留沪学子，既集其友朋数百人，为竞业学会，以砥砺道义，崇尚名节，欲以救当世德育之衰缺。复扩张其业，为一白话报，以其会名名之，属君武为之序。序曰：有小人之忧，有大人之忧，有圣人之忧。小人之忧，以身为界，乃至以家为界；大人之忧，以乡为界，乃至以国为界；圣人之忧，以世为界，乃至以天为界。世之既衰，莫不有慷慨激昂之士出焉。以其群之事，为歌为哭，为生为死，则每为危言激论，以耸动其群。然吾惟夫匠人之造一器者，经数日焉；筑一室者，经数月焉；至通一海峡，启一河涂，则经数年或数十年焉。今言造一国，岂不难哉？吾又惟夫西方政学家言，良政府者，良社会之产儿也。今之志士，辄曰改良政府，无言改良社会者。故有言民族建国者矣，有言君主立宪者矣，持论虽异，天下之士，翕焉归之，而于吾社会之诸恶德，乃盲目无所见。夫求玫瑰之华于荆棘之林，待鸾凤之卵于燕雀之巢，岂不谬哉？今《竞业报》以改良社会为宗主，批评其恶德，纠劾其污俗，以为实行改良之先导，可谓知本矣。然吾窃惟吾族之弱点，大端有八：曰薰心利宦，不知廉耻；曰肢体柔弱，不事锻炼；曰轻贱妇人，妇人无社会责任，故缠妇人之足，以为玩物，又有溺女者；曰惑风水卜筮；曰居处污秽，食物奇异（如燕窝、蛙、鼠之类）；曰虚伪无信；曰无高尚之目的，无坚忍之毅力；曰不知义务权利。其它种种，不可胜举。呜呼！以吾民数之众，据地之大，宜可以为世界第一强族矣，而有社会一切恶德以阻害之。夫一国族之大潜力，乃存于其社会之下级。《竞业报》以白话演之，使贩夫走卒，皆易闻知，他日之成功，岂可量欤！一千九百六年马君武序。

（原载于《竞业旬报》第2期）

《中等平三角新教科书》序

丙午之夏，归自日本，承乏为中国公学教长。公学设有理、化班，学生研究三角，苦无良课本。念惟英人Todhunter之《中等三角》，最简而备，辄译之以为课本，半年而毕。适今年又为欧洲之游，译稿散置箧中，不忍弃之，乃匆匆清理之以公于世。译文一依原本，惟第六章稍有改窜。近年算学界出版物之可读者殊寥寥，此或为学三角之良教材欤。

丁未二月八日　马君武于上海

（原载于《中等平三角新教科书》，上海商务印书馆1913年版）

《矿物学》序

吾国所译最早之矿物学书，为英国代拿之《金石识别》，而将原文删去大半，凡关于结晶图学皆不具。盖是学颇烦赜，非口述笔译之门外汉所能明了也。

六年前居日本时，《醒狮》编辑人索文，曾译代拿书之结晶学与之。后其杂志易名，闻既登出，予未得见也。二年前，柏林学生编理工杂志，予又译德书之论结晶一节与之。其杂志中辍，予稿亦未完。其实，不明结晶学，则矿物学不可读。胡沙克之书，于结晶学论之綦详，其他亦甚简备，特译之以贡献于吾国学界。兹所定结晶学诸名词，颇费斟酌。结晶学之基础，立于是矣。予译此书，始于一九〇九年四月初，毕于本年之八月，时留学于柏林工艺大学也。

一九一〇年八月十日　序于柏林　工学士马君武

（原载于德国胡沙克博士著《矿物学》，上海商务印书馆1931年版）

共和政体论

君主政体基于神权，共和政体基于人权。共和政体之国，有真实强固及永久的主权，每一国人皆主权之一分子，而寄此主权于一选举体者也。新学渐兴，文化日进，全球君主之数每年减少，此世界上不可逃之命数也。今年地球上君主之减少者，为葡萄牙革命，而其王出逃；朝鲜被吞，而其皇帝被废；今将并满洲皇帝而其数三矣。君主所以不能见容于世界之故，盖基于平权学说之原则，人人公权平等，而不容一部分一阶级之人享有特权。今世界君主之所以能存在之故，厥有二道：一曰以最强固之兵力自拥护，如俄是也；一曰其先人有大武功于国，而国人尚未忘之，如英、德是也。而彼犹皆不能不借神权之谬说以自护持。故德皇之演说，辄曰：神估吾。英人之国歌曰：神佑王。

共和政体者，今世界上最合于理论之政体也。今观伍廷芳对外人之议论（九月十八日《字林西报》），有中国人之一部分尚喜君主立宪之说。无论其说与事实不符，即以世界革命史比较之，中国断无返而为立宪君主□□□□□□□□而中国人之兴逐满师者，莫不奉二大主义，曰：光复中华，建立民国。故汉人中亦不容有希图帝位如洪、杨者，吾愿伍氏之此后慎其言也。法人革命时，语曰：誓杀尽君主，使流血满地球。盖法人受君主之虐毒至酷，故痛之也深。吾中国之视法国，其受君主之恶毒有更甚焉。泱泱神州，吾国民今方以血洗净之，岂能复容野蛮时代之遗留物、所谓君主者混迹其间乎？

（原载于1911年11月9日《民立报》）

欧洲文学丛谈

法文豪庚哥Hugo所著《可怜人》（Les Miserable），汪洋闳肆，世界著名。其中一篇名《石下之心》，尤为全书之结晶体。此其汉译也：

自世界以至唯一生物，自唯一生物以至神，惟爱。爱者，天使所以对于一切星辰之视情者。魂因爱而有忧，为真忧。爱者，充满世界，神即爱之具体。为魂故，乃有生物；为爱故，乃有魂。万物不透明，生物体有微透明者，得爱乃全透明。思虑纯洁之时，在祈祷爱，乃常屈膝以祈祷。

世界万物皆爱之分体。鸟之鸣，花之香，孩童之哭，日之光，风之吹息，星之射彩，以及一切万物，首神所造作以为爱之驱使者。惟爱能用一切，世界为之服役。春乎，是予所寄彼之恋书也。

爱者，充满无穷时间之唯一物件也，亦充满无穷空间。爱如魂．具神光，不坏不分不灭，是为吾侪所具之火。是火燃于吾侪之骨髓而射其光，以达于天际。

爱，崇拜两意之会晤，两心之交换，两视之透人。汝其来乎！寂寞之滨，二人同行，是极欢慰光荣之时也。时乎！时乎！

吾常梦与天使相依，以游于人间也。神者，天上之完全体。爱者，人间之完全体。

（原载于1911年11月9日《民立报》）

论共和国之秩序

欧美人之著书论中国事者，每称中国人为有秩序。革命军兴以来，各省相继反正，市廛不警，万众欢忭，秩序井然。虽然，今日中国共和之秩序是回复自然秩序也。前此之秩序，是人为秩序也。

自然秩序及人为秩序之别，倡于法人奈达Naquet。秩序者，即万事万物，各安其自然之位置是也。

其在印度，人分四级。为贱工者，其子孙永为贱工；为王侯者，其子孙永为王侯。无自由，无平等，一切皆预定的，嗣续的，故印度虽有秩序，而其秩序为人为秩序。

其在瑞士及合众国反之。国人各有职业，而其职业为选择的。各尽所能，各取所需，有平等，有自由，故瑞士及合众国有秩序，而其秩序为自然秩序。

吾所谓前此中国之秩序为人为的秩序，何也？彼五百万满人，自命为贵族，其实则惰民也。其衣食皆仰给于汉人，而不自工作。无学问无经验者，皆可以为大官。又其弊政，使人纳财捐官，市井臭夫，可一跃而操行政司法之大权，而吾民之受毒无穷焉。今日之革命，建立共和，排去贵族，乃所以破坏人为秩序而回复天然秩序也。

今更进述二者之别：

人为秩序，乃不稳固者，须以野蛮之暴力维持之，否则瓦解。

自然秩序，乃稳固者，每一公民自由选择其职务。其一国之首领，不过执行全体之公意。

人为秩序，为君主欲于国民之上，维持其特权，故须军队之镇压。

天然秩序，为共和国之国民，即其主权，其法律及政府，皆公意发表之具，其军队即人民。

人为秩序，利于有多数之愚民，故君主每用愚民政策。

自然秩序，利于全国民皆开通，故行普及教育。

人为秩序，即君主滥取国财，以利少数之私人。

自然秩序，为共和国，取国利以兴公事，开通富源，而为纳税者谋其利益。今为吾中国建立共和之初期，反正诸省汲汲然兴修民政，维持秩序。吾尝思孟德斯鸠之言曰：共和国之精神为道德。卢骚之言曰：共和国之所最忌者为谋私益而害公事。窃愿职事诸公，三复斯言。

（原载于1911年11月10日《民立报》）

言论自由

旧政府已颠覆，新政府方成立，吾人宜急组织共和政党。

袁世凯一生以李鸿章为模范。其年少时之希望，为黄马褂。

袁世凯今日欲降不受，欲归不得，满奴末路如此可怜。

当大事者贵能坚定。德法开战前，毕士麦欲试毛奇，夜深约之谈话，以雪茄十余种进。毛奇择其最佳者数枝以去。毕喜曰：可以战矣。

卢骚曰：真能建共和国之人民，乃神之国民，而非人之国民也。吾愿吾国人勉为神之国民。

瑞士人彭宜发为谋其国之自由，被囚于西雍宫，后六年日内瓦独立得释。摆伦有诗咏之，即世传所谓《西雍宫词》也。今吾国汪精卫事，与之正同。

荫昌居德国时，最善交际，无论各种社会，皆欢迎之。虽然，荫昌之本领不过如是。

杨笃生投海前一日，寄余一书，中有词曰：哀哀故国，徇以不吊之魂；莽莽横流，淘此无名之骨。杨君盖忿广东之革命失败，同人之死至酷，以为元气凋丧发愤以死者。

（原载于1911年11月11日《民立报》）

论新共和国当速建设国会

自武汉革命军兴以来，仅一月耳，而中国全国已次第反正。今满酋势力未坠之地，惟满洲、河南及直隶之一部分而已。今吾全国之所希望者，为共和政体。然共和国之须有国会，若人体之须有脑筋，无国会则一切举动不灵。前此之资政院，为所谓钦选及督抚所指派者，其近日之举动，尤为荒谬。已独立之各省当即日宣言不承认旧有之资政院，而选举议员设立国会以代之。今日国会之所以当速行设立者，尤为财政问题之待解决。新国初设，百事待举。前此满政府之恶税，如厘金等项既已废止，则不能不另筹新财源。而救急之法，为发行共和国债，此皆非有国会之赞可，不仅通行者也。

今谨拟设立国会之简易办法如下：

一　国会之所在地。将来之新国都必设于武昌，因其居中国之中点，且陆路水路俱交通便利也。且此次之大革命，起点于武昌，尤宜于此设新国都以为永久之纪念。而国都所在之地，即国会所在之地。

一　议员选举法。凡共和国皆行普通及直接的议举法。就中国人四万万计之，除去妇人及未成年者之外，当得有选举权者一万五千万人。假设议员数六百，则为每二十五万人选一人，可依此数以划分选举区。

一　国会制度。暂采行一院制。

一　期限。今由各省政府通告人民选举议员，期以明春会齐，国会年限每四年改选。

然对于新国会，有密切之关系者，即政党是也。中国数千年来，皆君主专制政体，故政党不能发生。其稍似政党者如汉之党锢，唐之清流，明之东林，莫不遭恶政府之摧残芟夷。近年以来，因满政府之倡伪立宪，乃偶有少数之君主立宪党发生。今者民国光复，群望共和，当由各省各府县之志士，发起共和政党，组织一大势力，将来之新共和国乃能长久扶持。不然，如今日之形势，新政府即以旧政府之人任之，其能胜任者固非必无。若皖之举朱家宝，直隶之举陈夔龙，广东之举李准（后二者皆传闻），皆平日著名反对革命、行为苟贱之人，岂能胜新共和都督之任乎？其后患方长耳。

（原载于1911年11月12日《民立报》）

新共和国外交之成功

——伍廷芳之宣言

记者对于十九日《字林西报》伍氏之言论，惜其言不坚决，曾著论辩之。今读其对《大陆报》（九月二十二登载）之宣言，明白痛快，此吾国人所当表满怀之同情而承认其言之的当者也。伍氏之言最痛快者曰：英国人甚爱其君主，故英国须以君主治之；中国人既已痛恶满洲皇帝及其政府，而希望共和矣，中国既宜为君主立宪国，岂不宜于为民主立宪国乎？且英为君主立宪，美为民主立宪，其宪法固无大异，所异者一为君主世袭，一为总统选举，吾国以数百千万之金钱养一君主，曷若以之兴有益事业乎？美国钢铁王加尼治前有电贺中国共和之成功，旋由伍氏复一电表谢意曰：吾人为自由及良政府而战，望美政府承认之。顷加尼治复来一电曰：承认姊妹共和国者，必以美国为始。此诚共和国成立以来，外交界之第一佳音也。加尼治之势力，不仅限于美国，即欧洲各国之总统帝王，各汲汲然与之联友谊。若吾新共和国得美国之介绍，以受列强之承认，则外交基础大定矣。

伍氏之学问道德及爱国心，久有声于美国，而受其国人之敬仰。愿吾国人始终信赖之，并望各省已独立之政府，速以正式承认其代表全国之外交。益望伍氏始终热心以扶助共和国之成功，为吾国之富兰克令。

（原载于1911年11月13日《民立报》）

论新共和国当速行征兵制

今日吾国民所处之地位，惟有二途，不为共和国民则为永远奴隶。

吾国人欲为共和国民乎？共和国民之对其祖国，有必不可放弃之义务，曰纳税，曰当兵。欲吾国之永远于地球上保存其独立，固非行征兵制度不可也。

共和国亦有不行征兵制者，如美国是。虽然，美国人之爱国心，若是其强固，非吾国人之所可比拟者也。

今者满酋未灭，战争方酣，吾甚怪各省之军政府，何以不仿行征兵制，而仍用募兵法也。

以苏州之现状言之，居民纷纷迁徙，政府所募之兵，乃至有乞丐杂乎其间。其最优者，山东迁来之垦荒者耳。共和国民乎，胡乃自弃其祖国而不顾，乃以国家及己之生命财产托诸若辈也。

德意志所行征兵制，凡国人皆有服兵役之义务，其国人之数七千万，战时可得兵六百万。今吾国可变通其法，依所需兵之多寡，按若干户而征一人，为他日国民皆兵之基础。征兵之手续固较之募兵为稍繁，而共和国立国之根本在是，不然是筑室于沙上耳。

（原载于1911年11月14日《民立报》）

组织临时政府问题之解决

今日国内人士及海外表同情于新共和国之友邦，皆谓新共和之时机既已成熟，不可不有新政府之成立，以代旧政府。诚哉，吾新共和国不可不速谋临时政府之建设也。

组织新政府之唯一办法，当以武汉为主体，由武汉共和党（即前此之所谓革命党）推举临时总统，由总统自组织临时内阁。至满酋已灭，大局全定，乃由全国民正式选举总统。此一定不易之办法也。

葡萄牙革命之时，主动者为共和党，即由本党人选举其党首领，为临时总统，组织临时内阁。其后葡王出奔，全国底定，乃由全国人选举新总统，是其前例也。

此次中国之大革命，起于武汉。其所标宗旨曰：驱逐满虏，建立共和。中国各行省赞和之，先后反正，其一般之希望，皆曰建立共和。吾人甚望已独立之省，勿忘武汉为此次革命之主体，万事取公同之行动，以免他日分崩离析之祸也。

今有人倡议谓当由各省派代表至上海，组织临时政府者。其代表之资格如何，由民选乎？抑由军政府指派乎？此其责任甚重，非能满共和本党之意，及负全国人之望者不可也。若为不完全之选举法及无责任之指派法，此皆共和党人之所万不能承认者也。

共和党人数十年来惨淡经营，捐身命，弃财产，为争自由，谋共和。今尚战争方酣，大局未定，临时总统必须其党人首领最负人望者为之，乃能收拾人心，平定全局。今其党人大半萃于武汉，故组织临时政府一事，当以武汉决之，而各省民政府赞认之，此为唯一之正当安全办法。至于全国公意选举总统，决定宪法，此皆大局平定后之事也。

（原载于1911年11月15日《民立报》）

论各省自举总统之谬

国人革命覆满之大目的，在合全中国及各民族合建一大共和国。质而言之，乃所以谋全国之统一于一良政府之下也。

前日广东人民宣布独立，外论已怒然忧之，谓将起中国分离之兆。虽然，独立者，对于满政府之宣言也；独立以后，自必联合各省，同统属于共和政体之下，非欲独立而自建一国也。其对外宣言，稍欠明晰，遂起误解，此后对外宣言，其不可不慎哉。

乃观于二十四日山东之来电，竟有大惑不可解者。其电文曰：山东宣告独立，公举孙宝琦为大总统，贾颉卿为副总统。今者大局未定，而新政府又不可不速成立，故举临时总统，以组织新政府，此诚当务之急。然全国只能容一总统，而各省总统之名目不可不速行取消也。

此外尚有宜更正之名目，即各省之都督是也。每一省只须一都督，若已反正之各府县，亦各立都督名目，既无分别，则事权不能统一。愚意若都督名目不便改正，必须明定界限，曰省都督，曰府都督、县都督。其有一省一府，而具二都督者，则不可不速图合并也。

吾人更有和血和泪之言以贡献于任事诸公，曰：大敌未灭，后患方长，今日之革命事业，惟赖有纯洁之爱国心及高尚之道德，时时以祖国及同胞之自由为念乃能成之，而断不容有一毫自私利及争权势之私念存乎其间。呜呼！报国之途，多至千万，岂必握重权者乃可有为哉？事机之危，至今已极，祖国存亡决于今日，望诸公图之。

（原载于1911年11月16日《民立报》）

敬告共和国之军政府

国家之目的，曰维持人民之安宁及增进其幸福，保障其权利而已。其执政之人，则人民之公仆也。

此次革命事业之成否，关于全国家全人种之存亡，稍有知识者皆能言之。故军政府之措置，其关系至大。大敌未灭，隐忧方长，杞人忧天，有不能已于言者。敬为我民国之军政府执事诸公陈之：

一　兵士宜约束也。共和国之兵士，为自由战，为祖国战。若其行为稍涉野蛮，有秋毫害及百姓，则非共和国之兵士，而强盗流寇也。及安庆兵士，竟以争饷细故，虏掠烧杀。其尚可幸者，此种野蛮举动，惟发现于安庆一隅耳。若此后尚发现于他省，则其结果尚堪设想乎？吾望当事者之对兵士，勉以大义，犹当律以严法也。

一　土匪宜严防也。兵祸未息，每每有土匪乘机而起，其在大兵集聚之地，固无所患，而乡曲城镇，时有所闻。此当劝各城邑，练设民团，酌给军械，使之自卫也。

一　竞争权利之思想宜消灭也。各省都督及军政分府之当事，固多由公推选名誉最优者为之。虽然，事权不能不统一，则名号不能不更正。江苏一省，多至五都督，彼此平行不相下，此诚他省所未闻之怪事也。今更闻某都督有“我的海军”之夸言，及某省都督有“我乃由海外所推举”之诞语。此等荒怪之言论举动，若再发现于新共和国，则袁世凯之言中矣。

一　财政宜速清理也。今者兵祸方结，费用倍于平时，若无一定之财源以供给之，则大局不可支。当事者当对于旧赋税认真清理，务使涓滴归公。此外所当新增者，为奢侈税、烟酒税、婚丧费，于增加赋税之中，寓整顿民俗之意。但军用浩繁，非此区区者所能支，则当召集省会，发行债票，此今日所当速为筹备者也。

（原载于1911年11月24日《民立报》）